驚異の「速脳速読」トレーニング

BRAIN ENHANCEMENT TRAINING

川村真矢
(川村速脳開発協会代表)

川村明宏
(新日本速読研究会会長)

日本実業出版社

目次

驚異の「速脳速読」トレーニング

序章

1日10分で10倍速い 速脳速読メソッドとは？

第1章

速脳速読メソッドの効果と効用

第2章

速脳速読はとっても簡単！基本のトレーニング

第3章

決定版！速脳速読トレーニング

カバー装丁●井上新八
本文デザイン・DTP●関根康弘（T-Borne）
本文イラスト●イラストAC

速脳速読メソッド
ダウンロード特典のご案内

・もっと速脳速読メソッドのトレーニングをしたい
・より手軽にトレーニングしたい
という方のために、特別コンテンツをご用意しました。

ブロック読みトレーニングに使用する「窓型教材」もダウンロードできます。
ぜひ、次のQRコードよりアクセスしてください。

■QRコードにアクセスするとこんな教材が手に入ります
・ブロック読みに使用する「窓型教材」
・識幅トレーニングに効果的な「L字型教材」
・トレーニングの正しいやり方がわかる特別動画　など

https://www.sokunou.co.jp/benefits/book/

※ダウンロードサービスは予告なく内容を変更・終了する場合があります。ご了承ください。
※ダウンロードに関するお問い合わせは小社HP（https://www.njg.co.jp/）の「お問い合わせ」よりお願いします。

序章

1日10分で10倍速い
速脳速読メソッドとは？

大量のインプットが良質の創造を可能にする

本書で紹介する速脳速読メソッド（川村式ジョイント速読法）は、国内外で45年以上、多くの人が実践している元祖速読法です。

元祖というと「古臭い」「効果がない」と感じる方もいるかもしれませんが、誤解です。**速脳速読メソッドは「めくるだけ」で、速い人なら1か月で読める文字数が10倍アップする画期的なトレーニングです。**

45年前の開発当初は「超能力」とまで言われた速読ですが、現在では他の多くの速読法も世に広まっており、珍しいものではなくなっています。しかし、速脳速読メソッドは、今世の中にあるどんな速読法とも違った、最も手応えを感じていただけるメソッドだと自負しています。なぜなら速脳速読メソッドは、視覚を使って脳に大量の材料をインプットし、良質の創造をアウトプットする能力開発だからです。

世の中の多くの速読メソッドは「たくさん読む」ことを目的にしています。つまり、大量のインプットを可能にするのが速読だ、皆さんもそう思われていませんか？

それは、大きなまちがいです。

あなたが今、なぜ速読を必要とするのか思い出してください。

社内の昇進試験を控えている。

資格試験で合格しなければ困ったことになる。

高校、大学受験を成功させたい。

新しいものを生み出すべく、大量のデータを理解したい。

……どんな動機にせよ、「大量にインプットする」ことだけが目的ではないはずです。

大量のインプットはあくまで目標達成のための手段です。

あなたは大量に覚えたいわけではなく、大量に覚えた知識やデータを使って、試験に合格したかったり、何かを作り出したかったりするはずです。

つまり、あなたが求めているのは良質なアウトプットです。

そして、良質なアウトプットを可能にするには大量のインプットが必要です。

大量のインプットを助けるのが、この速脳速読メソッドなのです。

努力がいらない能力開発

速脳速読メソッドがはじめて世に出たのは45年以上前のことです。

このメソッドを開発した当初、そして今も、能力開発には「簡便さ」が求められている。私はそう考えています。簡便とは、つまり次のようなことです。

・誰でも短い時間で、気楽にできること
・何もしなくてもすぐれた能力が身につくこと

そこで速脳速読は、**「ただ見るだけ」「ただ聞くだけ」で能力がアップするように綿密に計算し、作られています。**

速脳速読のベースには「五感脳」理論があります。

視覚、聴覚、触覚、嗅覚、味覚、この5つを合わせて五感と言います。

五感の中でも、触覚（さわる）、嗅覚（においを感じる）、味覚（あじわう）は、能動的です。反対に、視覚と聴覚は受動的です。私たちは日々、「見ようと思って」景色や物事を見ているわけではありません。聴覚に関しても、普段は「聞こうと思って」聞いていないはずです。

朝起きると、自然と周囲の風景や窓越しの天気が視界に飛び込みます。聴こうとしなくても家族の話し声や自動車の行き交う音などが聞こえるでしょう。

時に注意深く目を凝《こ》らす、耳を澄ますということがあるにせよ、日常の多くのシーンで、別段注意せずに周囲の情報を視覚と聴覚から受け取っています。つまり、視覚と聴覚の2

つは受動的です。私はこの2つを「二感脳」と名づけています。

ちなみに五感の信号の強さは、外部から脳に届く情報の刺激の強さに影響されます。たとえば、干物の「くさや」を覚えたい場合、「匂い」を嗅ぎながら覚えると嗅覚と視覚の二感の刺激信号が強くなり、「くさや」と名前だけをくり返し覚えるよりも短い時間で記憶でき、簡単に思い出せるようになります。

以前、あるテレビ番組に記憶信号の強さを使った記憶術を提供しました。人気アイドルが短期間で関西１９８市町村を記憶するチャレンジ企画でしたが、彼は「嗅覚（匂い）」「触覚（ビリビリペン）」「味覚（からい食べ物）」など、五感への刺激を用いてすべての暗記を達成しました。テレビ企画なので少し強引ではありましたが、五感への刺激を使えば記憶力に自信のない方でも効果的に覚えられるようになります。

この例と同じく、速脳速読トレーニングではページめくり訓練で「視覚」「聴覚」「触覚」を刺激して脳の処理速度を上げ、記憶力を向上させていきます。

ですから、あなたは普段通り起きて、通勤し、仕事をして家に帰るだけでいいのです。ただ、電車通勤の時間などに、本書のページをパラパラとめくってください。

ただ、めくるだけ、視界に入れるだけで、脳のインプット量は高まっていきます。

読まなくていい　ただ、めくるだけ

よく質問されるのが「パラパラめくっていても読めません」「読もうとすると、10分ではめくり終わりません」ということ。

速脳速読のトレーニングは、「読む」ことが目的ではありません。**本書の後半のトレーニングは、読もうとしないでください。**

あなたはただ、めくるだけ。１９０ページにわたるトレーニングページをただ1枚ずつめくっていって、そこに書いてある、文字やイラスト、記号をただ視界に入れていってください。文字を読むのではなく、形で捉える訓練をしてほしいのです。

形で捉えることで、あなたの視野が拡大します。視野が拡大することで、一度に認識できる量が増えていきます。

また、1日に10分、たった10分をくり返すことで脳の可塑性《かそせい》（刺激を受けて機能的・構造的な変化を起こす性質。脳の成長・発達には欠かせないもの）が高まります。つまり、脳がどんどん成長していくのです。

脳の処理速度が増え、創造力が高まる

なぜ、インプット量が高まるかというと、二感脳、中でも本書で扱う視覚脳のトレーニングで、脳の処理速度を増やすことができるからです。つまり、文字を認識し、理解し、記憶する。この処理する能力が２倍、３倍、５倍というふうに上がっていくわけです。

そうすることで、脳のそのものの性能をよくするのが、本書で行なうトレーニングです。

トレーニングの目的は、くり返しますが「創造」です。

情報をたくさん集めれば集めるほど創造できます。

視覚を通してたくさんの情報を集めると、脳はまず情報の区分けを始めます。

たとえば料理がうまくなる過程などもそうです。

料理の場合は味覚や嗅覚も大きく関わってはいますが、視覚、聴覚も、料理のレシピを見たり、煮炊きする音を聴いたりすることで使っています。

料理を覚え始める、習って上達する過程では、そういった諸々を通じて、まずは料理に関する情報を脳にたくさん集めます。

最初のうちは家庭科や料理学校の先生、親きょうだいなど教えてくれる人の言う通りに、何をしているかもよくわからないまま、じゃがいもの皮を剥《む》いたり、ニンジンを薄切りにしたりします。

それがだんだん情報が集まってくると、「今日はじゃがいももニンジンも乱切りで、そこに糸こんにゃくを加えるらしいから肉じゃがだな」とわかってくる。もしくはカレーを作ってと言われて、最初のうちはいちいちレシピを検索していたのが、だんだんと目分量で作れるようになっていく。

このとき脳で起こっていることこそが、情報の区分けなのです。

つまり、**脳はたくさんの情報を取り込むと、今度はその情報を美しく整え始めます。**

そしてその美しく分類された情報を理解すると、人は創造と呼ばれている領域に入っていくことができます。

先ほどの料理の例なら、たとえばあらゆるカレーのレシピを学び、脳が情報の整理を終えたら、あなた好みのオリジナル・カレーのレシピが自然と生まれるでしょう。「うちはみんな豚肉が好きだから肉は豚肉で、しかも肩肉。野菜はセロリとトマトを多めに」などというふうにです。

この脳の仕組みは、すべての学びに役立てることができます。

これまで、速読について情報を受け取る五感の機能としてとらえたメソッドはあまりなかったはずです。私たちは45年以上前、速脳速読メソッドを世に送り出した頃から、情報を受け取る五感、その中でも受動的に受け取る二感（視覚と聴覚）ということを念頭に置き、長年研究を続けてきました。

そしてようやく、五感（その中でも二感）が受け取る情報を脳がどのように分類立てて、どういうものに使われていくべきものかということを、お伝えできるだけの材料が整ってきたのです。そしてこれまでに得た知見をベースにした能力開発こそが、本書でご紹介する速脳速読です。

多くの速読法とは一線を画す認知機能トレーニング

一般的に速読と言われているものの多くは、「読む能力を増やす」ことを目的としていて、そのためのトレーニングを紹介するものでした。

しかし、**速脳速読は「脳の処理速度を上げる」技術であり、トレーニング**です。そして脳の機能が数倍に上がった段階で創造に入っていく。それこそが速脳速読の真の目的です。

創造と一口に言いますが、仕事の内容によって必要な創造は異なるでしょう。

企画立案、戦略立案のようなわかりやすい創造を職業とする人もいるでしょうが、営業、事務、法務など、一見「創造的ではない」と思われがちな仕事であったとしても、仕事における創造は必要です。

たとえば営業パーソンの場合、提案し、顧客の要望を聞き、調整し、クロージングまで持っていくという過程は、大体いつも同じかもしれません。ただ、その過程の中に毎回新しい要素があり、よりよくブラッシュアップすることはつねに求められるでしょう。

どんな形の創造であれ、本書でご紹介する速脳速読なら対応が可能です。

なぜなら、速脳速読は「資格取得のための」や「読書のための」というように使用法を限定する速読法ではないからです。

速く読むのはあくまで手段、目的は情報の大量取得、整理、脳内のデータベース構築である以上、速脳速読はどんなニーズにも応えることができます。

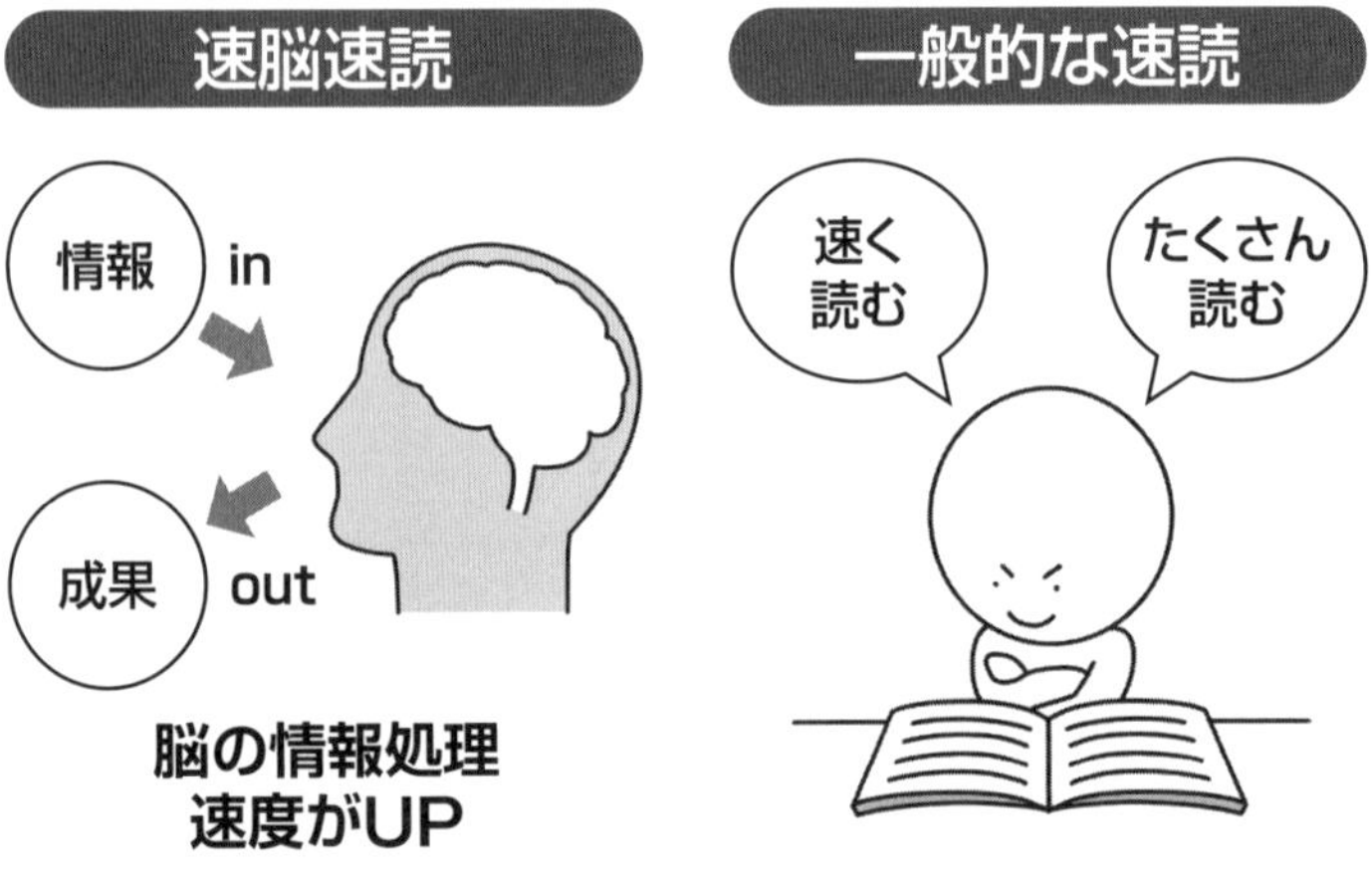

1日10分のトレーニングで、1分で読める文字量が10倍アップする

ここまで、速脳速読の仕組みと得られる効果をお話ししてきました。

壮大な話だけに、非常に高度なトレーニングが必要だと感じられるかもしれません。

しかし、必要なトレーニングの時間は、皆さんが思うより遥かに短時間、具体的には1日10分、1か月程度で、視覚と脳の情報処理のスピードが上がり始めます。

個人差はありますが、1週間ほどすれば3倍、1か月ほど訓練すれば10倍ほどの文字量を速読できるようになる人もいます。

なぜ、そのような短時間で成果が出るのかと言えば、最初から速く読むことから始めるのではなく頭の基礎能力を向上させていく工程を徹底するからです。

まずは脳の情報処理スピードを上げる

まず脳が文字情報を今までよりも高速で処理できる状態にしなければ、どんなテク

ニックを使っても理解の伴わない、いわゆる飛ばし読みの状態になってしまいます。たとえば、今まで1分間に10の情報しか理解できない方に、「同じ時間内で20の情報を理解してください」と急に言ったところで、処理が追いつかず速読は実現できないのです。

速脳速読トレーニングによって多くの情報量を処理できる頭の状態にすることで、はじめて大量の文字情報を今まで通り把握できるようになります。速読トレーニングを行なう上で、この工程を飛ばしてしまうことはおすすめできません。

速脳速読メソッドでは、脳の情報処理能力の向上を最初に行ないます。そうすることで、様々な「読書法」で挫折した方も成功する場合が多くあります。

くり返しますが、最初から飛ばし読みをすることを前提とした読書テクニックにはあまり効果はありません。単純に飛ばし読みのスピードが速くなるだけです。

世間に見られる読み方講座のような読書法は効果がないのではなく、自身の脳の情報処理能力が追いつかず再現できていないのです。

ここまでお伝えした基礎能力の向上を実現するためには、

①速脳速読の3つのポイントを理解して実践する
②1日10分間トレーニングを実践する時間を確保する
③本書トレーニングのポイントを正確に再現できるようくり返す

これらを徹底的に行なうことで速脳速読の基礎能力となる頭の情報処理能力を向上させることができます。

「速読で覚える」とは「思い出せるようになる」ということ

ちなみに、「速読で覚える」とは、「思い出すことができる」ということです。たとえば、単語を覚えるとは、必要なときにその単語が思い出せるということです。

そのためには、脳の該当部分に記録していかなければなりません。

たとえば、青。青色というのは、空の青、海の青といった、あの特有の色を言葉で喚起させるために使われます。

でも実際は、その色が頭の中で再現されないと、青という色を確認できません。

思い出せるようにするにはどうするか。
　これはもう、「あの色」＝「青」とくり返し覚える。または強い刺激の信号によって覚える（忘れにくい記憶にする）しかないのです。つまり、「思い出せる」というのは、「五感の信号の強さ×くり返し回数」で表すことができます。

脳の情報処理スピードが上がれば、五感の信号が強まり、くり返し覚えるスピードが上がります。10分のトレーニングではパラパラと教材のページをめくります。この「ページめくり」の際に一定のルールに従い、指でページを弾くという行為が脳に刺激を与え（くわしくは48ページ参照）、五感の信号強化と脳の処理能力向上に役立ちます。「これが青」「これも青」「あれも青」と信号を受け取る頻度が増えます。そして毎日10分のページめくりをくり返すことで、受け取った刺激が定着していきます。

3つのポイントを踏まえた訓練で誰でも数倍以上の能力アップが可能

速脳速読メソッドでは、次の3つのポイントを踏まえた訓練を行ないます。

1. 文字を速く視るために目の力を鍛える（目は脳の出先器官であり、文字の形を速く視るために物理的に速く視る力が必要）

例としては、100メートル走を速く走るために足を鍛えるのと同じように、文字上を速く走るために目を動かしている眼筋を鍛えて早く文字を見る力が必要です。つまり、ただ「見る」のではなく、視覚という感覚を働かせて「視る」のです。

2. 速い検索能力を身につける（速い速度に順応する）

目から文字の形を映像として脳に送り、形と意味を脳の記憶データから検索して意味と結びつけ、認識を発生させる、検索速度を向上させる必要があります。

この検索速度を向上させるためには、高速で文字を視て「速度の違い」を認識し、速いスピードに順応していく訓練を行ないます（高速道路をしばらく走行したあと一般道路に入ると、景色がゆっくり流れるように感じます。49ページでも説明していますが、この速度感覚の違いを利用した訓練です）。

3. 視読を定着させる

広い範囲で文字を見る、複数文字、複数行を視て読むための「視読」の読書回路を記憶する目的で行ないます。

例としては、空手の型訓練を何度もくり返し行なうことで実戦で使えるように、複数文字を何度も視て「視る力」を上げることで、自然と同じ文字の視かた、そして認識力が身につきます

40年以上の実績があり、日本だけでなく世界中で多くの人が実践、効果を感じてきた速脳速読のメソッドを、ぜひご自身でご体験ください。そして脳の処理速度が高まる感動を、ぜひ感じてみてください。

体験者の声

速読で難関大学に合格！

伊吹宗晃さん（仮名）　分速1166文字 → 分速1万3002文字（約11倍）

受験シーズン本番を迎え、何か心理的に頼れるものがほしく11月末から週1回速読教室に通いました（実はそのときも速読の効果については半信半疑でした）。最終的に受験の際、僕は1分間に1万文字程度の読書スピードでした。単純に速読力をつけただけで、他への応用はしませんでしたが、それでも効果がありました。

僕は京都大学が本命でしたが、具体的には次のような効果がありました。

・英語……英語の文章題を1回読んでわかれというのは無理な話です。でも僕は速読をしていたため、3回ほど読む時間がありました。そのおかげでよく理解することができ、また訳文が自然な日本語になるように心がける余裕もありました。

・理科……京大の場合、長々しい問題文を素早く理解することが必要ですが、速脳速読メソッドのおかげで可能となり、高得点が取れました。

速脳速読メソッドを学んだことで、他の人が問題文を1回読む程度の時間しかないときでも、自分は2回読めます。これは受験では大きなメリットです。2回読めれば内容がよくわかるだけでなく、1回目に読み違いがあったとしても、気づくことが多いのです。

速読によって時間不足が解消！　ストレスも軽減！

春日　昇さん　分速900文字 → 分速1万6000文字（約17・8倍）

資格試験の勉強中に受講しました。以前から読書好きで小説等はよく読んでいましたが、読書スピードは遅いと感じていたので、少しでも読書スピードを高めたかったのです。ちなみに、これまでにも自己流で速読を試したことはありますが、さほどの成果は感じられませんでした。

川村式の速脳速読メソッドは、修得が容易で取り組みやすい印象がありました。それというのも、1回目の訓練で読書スピードが急速にアップしたのです。途中、停滞もありましたが、最終的には1分間に16000文字程度まで達しました。

法律系の資格試験の勉強だったため、難解な法律書を読む必要があったのですが、以前より、たしかに速く読めるようになりました。しかも、楽に読めるようにも感じました。

専門書でも速く読めるのですから、新聞・雑誌の類は言わずもがな。非常に速く読めるようになっています。小説も同様で、これは思わぬ副産物でした。

速く読めるということはたくさん読めるということでもありますが、短い時間で読み終えられるということでもあります。結果、時間がない悩み、いつも時間に追い立てられているような焦りから解放されました。速読によって時間不足が解消され、ストレス解消にも役立ちそうです。

ただ眺めるだけの訓練で効果を実感！

田代順一さん　分速900文字 → 分速1万5500文字（約17倍）

きっかけは大学受験、苦手な英語を効率よく勉強したいということでしたが、速脳速読の学び方と効果に大変驚かされたので、そのことについてお話しします。

実は、速脳速読メソッドのトレーニングを始めた当初は「音読するクセ」が出て、なかなか上達しませんでした。速脳速読メソッドは読むのではなく「視る」と授業で教わるのですが、いざ挑戦しようとするとなかなかできないのです。自分には修得できないような気もしたほどです。

しかし、このままではとても悔しい思いをしそうな気がしたので、1日10分でいいと言われていたにもかかわらず、最初のうちは毎日30分ほど、読むのではなく「視る」状態になるように訓練しました。

「視る」ことに慣れていくにつれ、読むスピードもどんどん上がってきました。

はっきり言ってとても驚きました。

ただ眺めているだけの訓練なのに、そして「眺める」ことにさえ四苦八苦しているのに、着実に脳が変化しているのだと実感し、感心させられました。

教室にも通っていたのですが、10回通ううちに大体約1万文字程度読めるようになりました。こんなに効果が実感できる速読法は他にないと感じています！

第1章

速脳速読メソッドの効果と効用

速脳速読の効果①

膨大な量を処理できるようになる

第1章では速脳速読メソッドを正確に理解していただくため、最低限必要な知識をご紹介します。

まず、速脳速読とは文章情報を速く、そして正確に読み取る能力です。

いわゆる**〝飛ばし読み〟〝斜め読み〟とはまったく異なるもの**である、ということを最初に理解してください。

速脳速読では読書速度が速くなります。

飛ばし読み、斜め読みはその字が表すがごとく、ページを斜めに読んでいったり、太字や目立つ漢字だけ読んでいったりするため、当然、内容の理解度としては浅くなります。内容理解を犠牲にして、とにかくスピードを上げたのが飛ばし読みや斜め読みです。

しかし速脳速読では内容の理解度はそれまで通りのままです。

本に書いてある内容は、最初から最後まで順に読んでいきます。

ただ、読書スピードが通常よりアップするだけであり、それに伴って、記憶する量が格段に増えるのです。

だからこそ、速脳速読を正しく身につけることで、同じ時間で、これまでの数倍の量の読書や学習ができるようになります。

仕事で大量の情報処理や膨大な資料のまとめなどを行なわなければいけない人の場合も、その処理スピードがアップし、作業時間を従来の数分の一にすることも可能になります。

Point

速脳速読で、内容の理解度は保ちつつ大量に読めるようになる

速脳速読の効果❷

脳の活動量が増加し、処理方法が変化する

下の図を見てください。速脳速読トレーニングの実践前後の、読書をしている状態のfMRIでの脳のスキャン画像です。

白っぽい箇所が脳が活性化した部分です。

速脳速読の実践前と実践後（8週間後）では、右脳・左脳共に脳の活動量が増加しており、使用領域（白っぽい箇所の位置）が変化していることから、脳の処理方法も変化していることがわかります。

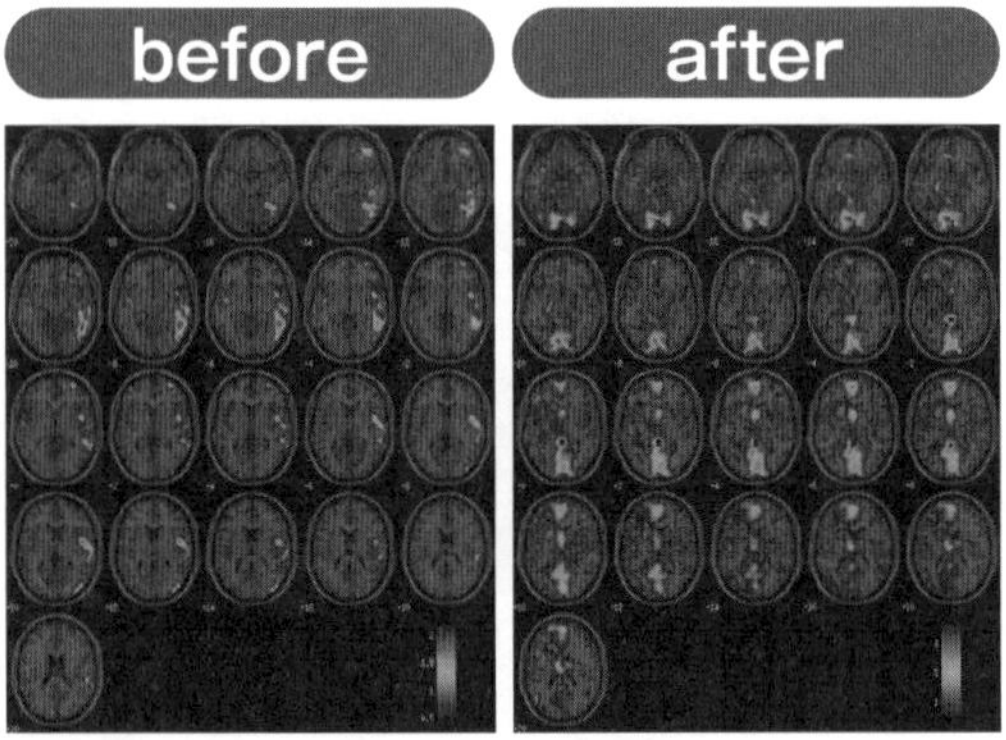

速脳速読で右脳・左脳の活動領域が増加する
左脳は2倍、右脳は15倍以上の活性化が見られた

ユタ大学による科学的研究の成果

前述の結果は、ユタ大学神経学研究部のジェフ・アンダーソン博士とそのチームが、30人の10代の女性を対象に、速脳速読が脳に与える影響を調べた際に得られました。この研究では、次のような副次的な効果も証明されました。

・試験において、速脳速読の実践者は実践していない人に比べて21％以上高い点数を獲得
・タイピングの速度が50％以上アップ
・読書スピードが2倍に、理解力も高まる
・集中力の向上

Point

速脳速読で脳が活性化し処理方法が変化する

Exciting Scientific results about EyeQ and the brain!　(Open the attachments or scroll down to see fMRI images)

Dr. Jeff Anderson and his team at the University of Utah Neurology Research Department conducted a study of 30 teenage girls and the effects of the EyeQ program on brain processing.
The results were "substantial" according to Dr. Anderson.　The attached files show fMRI brain scans of subjects reading normally before and after using the EyeQ program.　The slides show that the amount of brain activity has not only increased substantially, but that the brain processes differently after using EyeQ.
Dr. Anderson's team was perplexed about why the Brocca's area of the brain was the primary area used in reading before EyeQ, but virtually unused after using EyeQ. The answer was found in Dr. David Sousa's research on HOW THE BRAIN LEARNS TO READ, which was published in 2009.

レポートの一部

速脳速読の効果❸

視力がアップする

速脳速読には、目の筋肉、眼筋を鍛えるトレーニングも含まれます。

現在では、眼筋を鍛える速読法を否定するメソッドもあるようですが、それは大きな勘違いです。

眼筋には内直筋《ないちょくきん》、外直筋《がいちょくきん》、上直筋《じょうちょくきん》、下直筋《かちょくきん》、上斜筋《じょうしゃきん》、下斜筋《かしゃきん》という６つの筋肉があります。

実生活を過ごす中で、これら６つの筋肉を均等に使う機会はないに等しいのです。

そうすると何が起こるかというと眼筋にコリが生じます。普段あまり使わない筋力とよく使う筋力で偏りが生まれ、視点の移動にズレや、使っていない筋力に疲れが生まれます。

たとえば、普段から横読みの文章に多く触れる仕事をしている場合、縦移動の筋力よりも横移動の筋力のほうが強く、眼球を縦に動かす筋力が弱くなり、従来正しく動くべきポイントに移動がしづらくなります。

その結果、縦読みの文章だとすぐに疲れて眠くなってしまう、目の疲れを感じやすくなるなどの眼精疲労が起こります。

6つの筋力を均等に運動させることでこのような疲れやすい状態や筋力の偏りによる視点のズレ、コリをほぐし、疲れにくく持久力のある目にすることができます。

眼筋も体の筋力と同じで使わなければ能力が衰えます。

そして疲れていてはたくさんの情報を受け取り、処理することはできません。

眼筋を発達させることで今までよりも、たくさんの文字情報を視ることが可能になり、結果として大量の情報をインプットできるようになります。

今、あなたの眼筋の発達はどの程度でしょうか？

次ページに◆が羅列してあります。◆マークを普通の文章を読むように目で追って、10秒間で何列目まで、もしくは何回追えたかカウントしてください。

さて、10秒でどのくらい追えましたか？

何回どころか、多くの方は何行目かで10秒を迎えてしまったのではないでしょうか？

なぜかというと、皆さんは1行目、2行目とたどっていくとき、目を上から下に動かしたはずです。しかし、眼筋が鍛えられていないと、必ずどこかで1行飛ばしてしまいます。

「あ、1行飛ばした！」といって飛ばした行に戻ってやり直す。

だから、10秒では決して最後まで辿《たど》り着けないのです。

すべてを一度に視野に入れ、鍛えられた眼筋が行を辿ることができれば、「読み飛ばし」は起こりません。ですから、速脳速読には眼筋の鍛錬が必須です。

そして習慣的に悪くなっていた目の機能を取り戻すことで副産物として視力アップを実現した方も多くいます。速脳速読トレーニングを継続されている方は、健康診断などのタイミングで視力に変化があったか合わせて確認してみてください。

Point

速脳速読で眼筋も鍛えられて視力もアップする

速脳速読の効果④

脳の直列処理と並列処理のスイッチングがうまくいく

人間の脳は、そもそもは並列処理型です。

たとえばあなたが、あまり気乗りのしない事務作業をしているときを思い出してみてください。経費精算、宛名入力などの手が覚えていて、深く考えなくても完遂できる作業中、あなたは漠然と周囲の話し声を聞いていたり、ＢＧＭとしてかかっているラジオの放送を聴いていたりするのではないでしょうか？

手は動いている、作業はしている、そして同時に音楽や人の話し声を聴いている。

このときまさに、脳は視覚、聴覚、手の運動などを並列に処理しています。

ただ一方で、こういう場合もあるはずです。

あなたは今、企画書を書いています。それはあなたがどうしてもチャレンジしたかった企画で、それだけに書く内容には困りません。それどころか次から次へとアイデアがあふれ、周囲の物音も耳に入りません。

他方、あなたは実は、今日の夕方が締め切りの伝票も抱えています。

ハッと気がつくと、時刻は16時55分。

「さっきからずっと内線しているのに、どうして出ないんですか！」

目の前には、鬼の形相の経理担当者。……あなたの脳は「企画書を書く」以外の情報を遮断してしまいました。これは脳が直列処理状態になっているということです。

脳は並列状態のほうが創造力を発揮できる

直列処理も並列処理も、どちらにもよい点と悪い点があります。

ただ、創造する局面においては、脳は並列処理状態にあったほうがよいのです。

並列処理とは、つまり一度に多くのものをざっと眺めわたし、ふるいにかけている状態です。

① 物事の全体像を見る
② 必要なものと不必要なものを見分ける

③ 必要なものを使って新たな発想をする

この一連の流れが創造にとっては重要ですが、脳が直列処理の状態になってしまうと、まわりが見えなくなります。「このアイデアがいい」と夢中になってしまうと、比較検討ができなくなってしまう、つまり①②の段階がないので、非常に狭い視野で創造してしまうことになります。

大事なのは、並列処理と直列処理がスイッチできる状態になっていること。気がつくといつも直列処理状態……というのではなく、「今は直列処理の状態だから並列処理に戻そう」と自分でコントロールできることです。

速脳速読は、そのスイッチングの力のトレーニングでもあるのです。

Point

速脳速読で脳の直列状態と並列状態を自在にスイッチできるようになる

第2章

速脳速読はとっても簡単！
基本のトレーニング

あなたは左脳型？　それとも右脳型？

第2章では、自分の今の状態をより深く把握し、速脳速読に慣れるための軽いトレーニングを行ないます。

まず、自分が右脳型（情報を並列処理している）か、左脳型（情報を直列処理している）か、簡単な自己診断法を紹介します。

ちなみに、トレーニングの効果をより速くあげられるのは右脳型です。

右脳型（並列処理型）か左脳型（直列処理型）かわかる自己診断法

①あなたの方向感覚は確かですか？

②あなたは、はじめてすれ違った人の容姿を、5分か10分後に明確に脳裏に思い浮かべることができますか？

③テレビや新聞でよく見かけるスポーツ選手の姿を脳裏に思い描き、その人物の動き

や服装を、想像で変更することができますか？　プロ野球選手なら、バットをスイングさせたり、違う球団のユニフォーム姿にすることができますか？

④目を開けたままの状態で、目の前に③のスポーツ選手の姿をハッキリと再現することができますか？　自分の意思で幻影をつくり出すことができますか？

①から④の質問に、1つでも「はい」と答えることができた人は、右脳型と言えます。

また、ここに紹介した診断法では、①から④へと数字が増えるにしたがって、より右脳型の要素が強くなっています。しかし、すべての項目が「はい」でないと（つまり、右脳型でないと）、速脳速読を習得できないかというと、決してそんなことはないので心配は無用です。たとえ全部当てはまらなかったとしても、少し時間がかかるかもしれませんが、必ず能力はアップします。

Point

右脳型の要素がなくても
トレーニングで鍛えることは可能

左脳優位を断ち切ろう

前述の自己診断で該当するものが少なかった人は左脳優位（直列処理優位）の人と言えますが、この左脳優位を断ち切る方法があります。

そのために、理解しておきたいのが**「有効視野」**についてです。

あるものを集中して見ていると視野が狭まって、まわりのものが目に入らず、視野が狭くなることがあります。前述したような「企画書に集中しすぎて目の前に立っている人も目に入らず、内線の呼び出し音も聞こえない」というような状態です。

これはその人や音が実際に消えてしまったのではなく、単に意識の中に入り込まないように遮断されただけです。

たとえば「目の前に人がいるのに気づかなかった」ときは視覚情報が意識の外に押し出されているわけですが、その人の網膜には受動的に映っています。しかし、大脳が情報として利用することはできません。存在しているのに、その存在は大脳にとっては無効なのです。

そこで、これを便宜的に「無効視野」と呼び、意識の内側のエリアにある情報は、その人の意思で活用することができるので「有効視野」と呼ぶことにします。

右脳型に分類される人は有効視野が広く、右脳の視覚野《しかくや》が十分に活動しています。

左脳型に分類される人は有効視野が狭く、右脳の視覚野がほとんど活動していません。

つねに有効視野を狭めてものを見る習慣がある人は、部分だけを見て全体を見ることがあまりありません。36ページ図の◆を1個ずつ追っていて、全体を視野に入れない状態です。

このタイプは人の顔でも目・鼻・口・耳といった細かな部分だけを見て、顔全体を見ないので（もちろん、網膜には映っているので本人は見ているつもりです）、すれ違ってからしばらくして、全体像を再現しようとしてもできにくくなります。

Point

有効視野を広げると視覚野が活発になり記憶力がアップする

右左脳並列を可能にする有効視野トレーニング

左脳優位を断ち切るには、日常生活での有効視野を広げるトレーニングがおすすめです。

たとえば道を歩いているとき、前方を見て歩くだけでなく、同時に左右両側を見るようにします。その際、両側の店の看板の文字も同時に読むことにチャレンジしましょう。

道路を横断するときも「右を見て左を見て」ではなく、「同時に左右を見る」ようにします（安全には十分に気をつけてください）。

本を読むときも、ページ全体の文字を一度に視野に入れることを心がけてください。この場合、意味は読み取れなくてもさしつかえありません。とにかく、全文字を視野に入れる習慣を身につけることが大事です。はじめのうちは違和感が伴いますが、そのうちに有効視野が徐々に広がってきます。

有効視野は物事を情報として視認できる幅のことで、**「視幅」**とも呼びます。

ただし、情報が文字で構成されている場合、意味まで全部読み取れるわけではありません。パッと見た一瞬で「全部の文字を確認できる」ことと「文字として意味を理解できる」ことの間には、ギャップがあるのです。

一方、「瞬間的に文章としての意味まで理解できる範囲」は**「識幅」**と呼びます。

当然、識幅は視幅の中に含まれ、最終的には、この識幅が広ければ広いほど速読の能力が高いということになります。

文字というのは、いくら全体的にとらえたとしても、最終的には端から順番に読み取らなければ意味がデタラメになってしまいます。左脳の言語野《げんごや》を活用して論理的に分析しなければ意味が不明になるという点で、最終的には左脳が主導権を握ります。

それでも視幅を拡大していくトレーニングや、視野を狭める条件反射を克服するトレーニングを続けていれば、かぎりなく両者のギャップを埋めていくことができ、右脳的並列処理が可能となるのです。

ページめくりは右脳のトレーニングになる

川村式の速脳速読メソッドでは、左手でページをめくることをおすすめしています。これには理由があり、左手への刺激が右脳の活性化につながるからです。

左手でページをパチパチと弾くことで、左手の指紋に刺激が与えられます。ページが指紋に引っかかるとき、その刺激がパルスとなって右脳に送られ、右脳を刺激するのです。

そのくり返しで左脳優位の多くの人の脳が、右脳も認識する、右脳もよく使われるように変化していくのです。だからこそ、左手でのページめくりが重要であり、その速度も重要なのです。

ページをめくる速さは1秒、どんなに遅くても2秒以内に1ページめくるようにしてください。その定期的な刺激、スピード感覚の自動化もまた、右脳への刺激につながるのです。

「速度」を認識してから覚える

速脳速読では、まず眼の動きを速め、視野を広げつつ文字を認識するスピードを速めます。そして、そのスピードに脳を慣れさせることにより、誰にでも簡単、確実に短時間で大量のインプットが可能になります。精神集中や瞑想、呼吸法などは、一切必要としません。

自動車で高速道路を時速１００キロでしばらく走行したあとに一般道路に入ると、景色が非常にゆっくりと流れるように感じます。これは、脳が高速走行のスピードに順応して、情報処理能力を高めた結果です。

このように脳は「可塑性」、つまり周囲の環境に柔軟に適応できる性質を持っています。速脳速読は、脳のこの性質を利用しているのです。

また、目を通して潜在能力に刺激を与えることによって「慣れ」の状態をつくり、能力全体をボトムアップさせます。

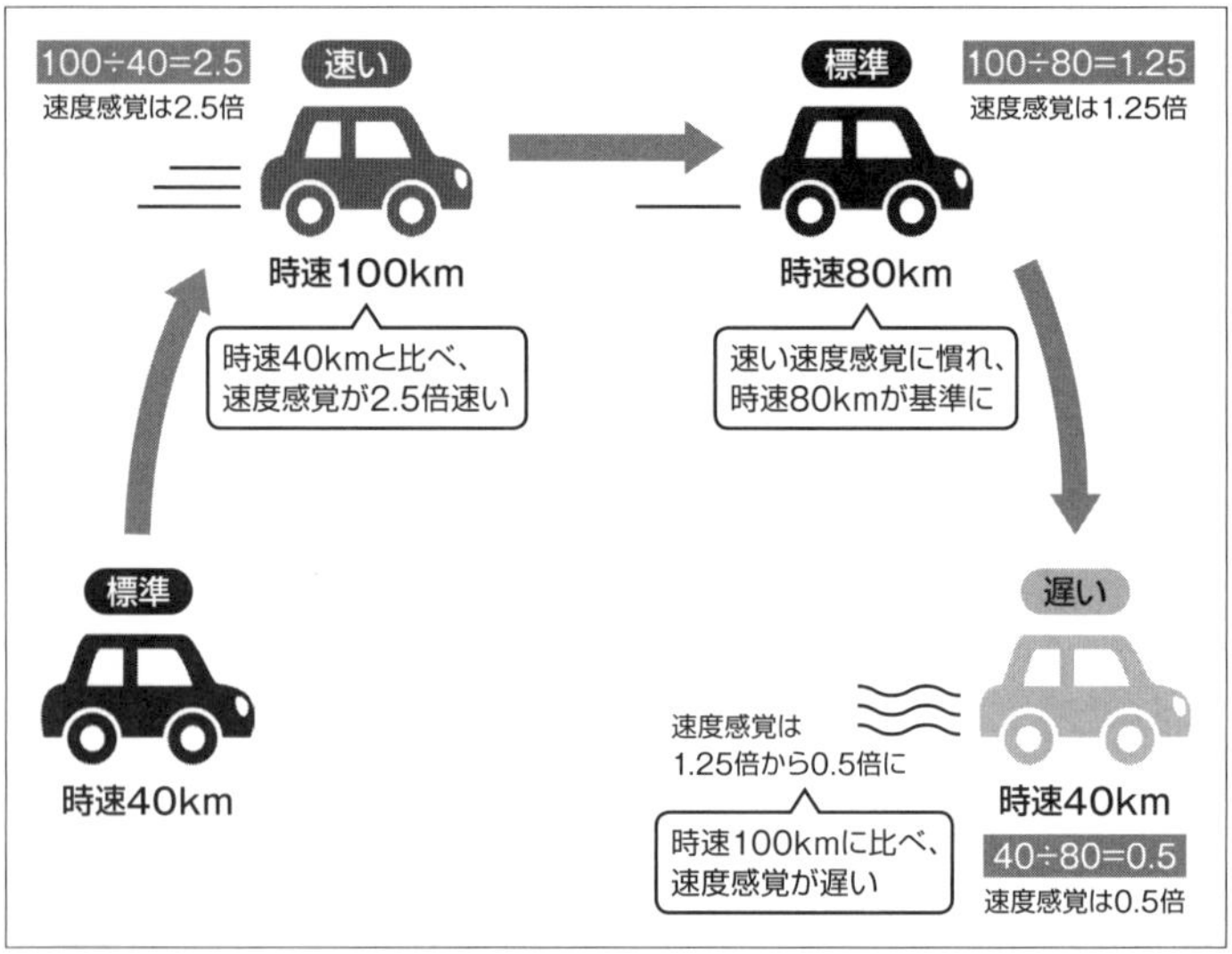

わかりやすく言うと、「視る」能力を訓練で活性化させることによって、連動している「理解力」も引き上げ、より高い状態に持っていくのです。

まず、「視る」ことから始めよう

トレーニングでは、文字を「読む」のではなく、「視る」速度を上げる訓練を行ないます。段階的に設定された速度で文字や特殊教材などの図形や文章を「視る」ことから始めるのです。

過去に体験したことのない高速状態で目の前を文字が移動した場合、文字の形や意味を認識することは不可能でしょう。でも、単なる物体として物理的に「視る」

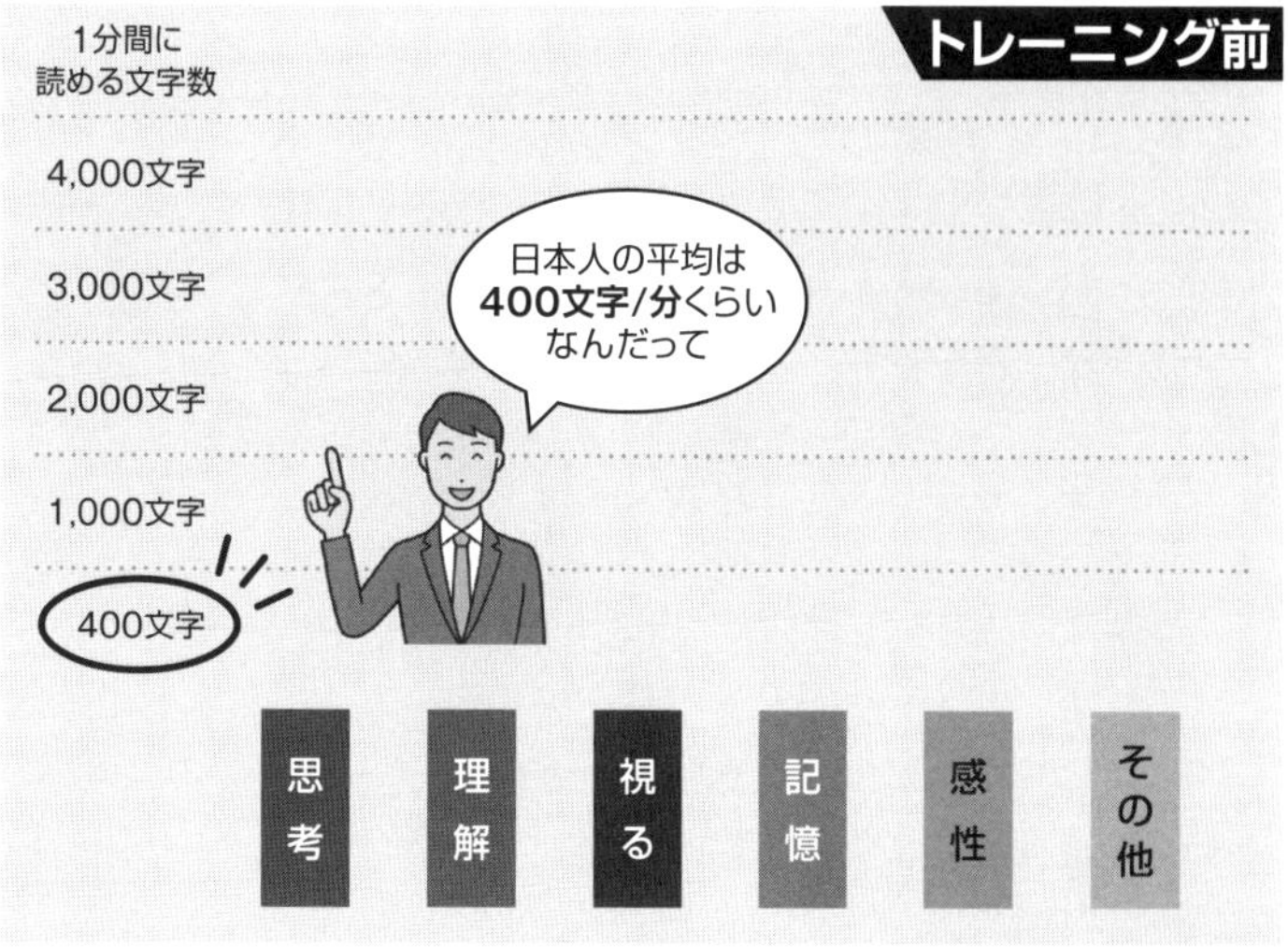
トレーニング前
1分間に
読める文字数
4,000文字
3,000文字
2,000文字
1,000文字
400文字
日本人の平均は
400文字/分くらい
なんだって
思考
理解
視る
記憶
感性
その他

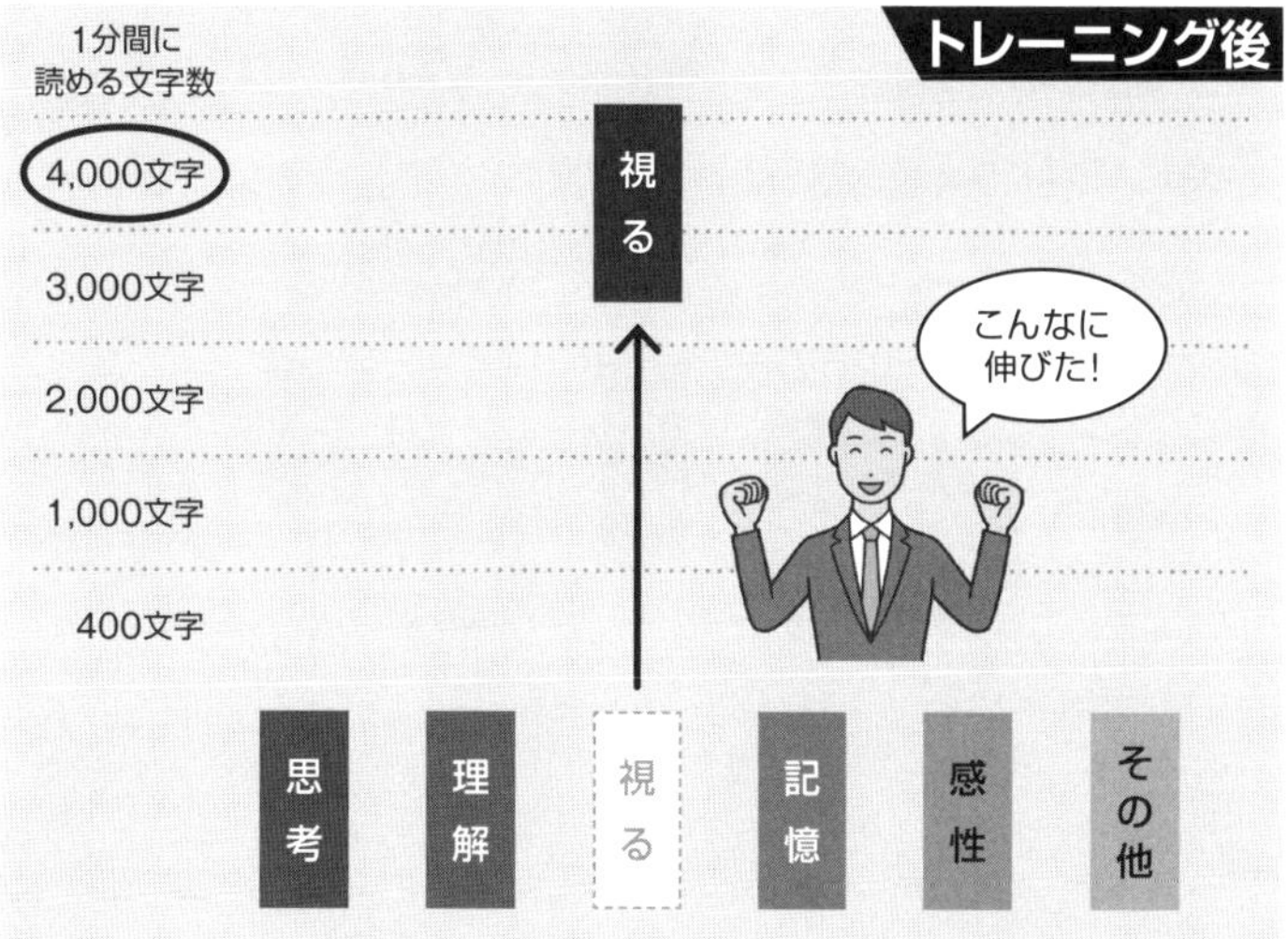
トレーニング後
1分間に
読める文字数
4,000文字
3,000文字
2,000文字
1,000文字
400文字
視る
こんなに
伸びた！
思考
理解
視る
記憶
感性
その他

ことはできます。「視る」機能の速度アップを先行させることで脳の可塑性が作動し、追いかけて文字の形や意味、文章内容を認識する他の機能も速度アップしていきます。

この状態は、自動車の高速道路の運転時の感覚と同じで、元の速度に戻ったときには、読書速度が遅く感じるようになります。逆に言えば、数倍速く読めるようになったということです。「視る」能力をアップさせると、「理解」「記憶」「感性」といった「読む」能力も、それに追いつこうと処理能力を高めます。その結果、「読む」能力も次

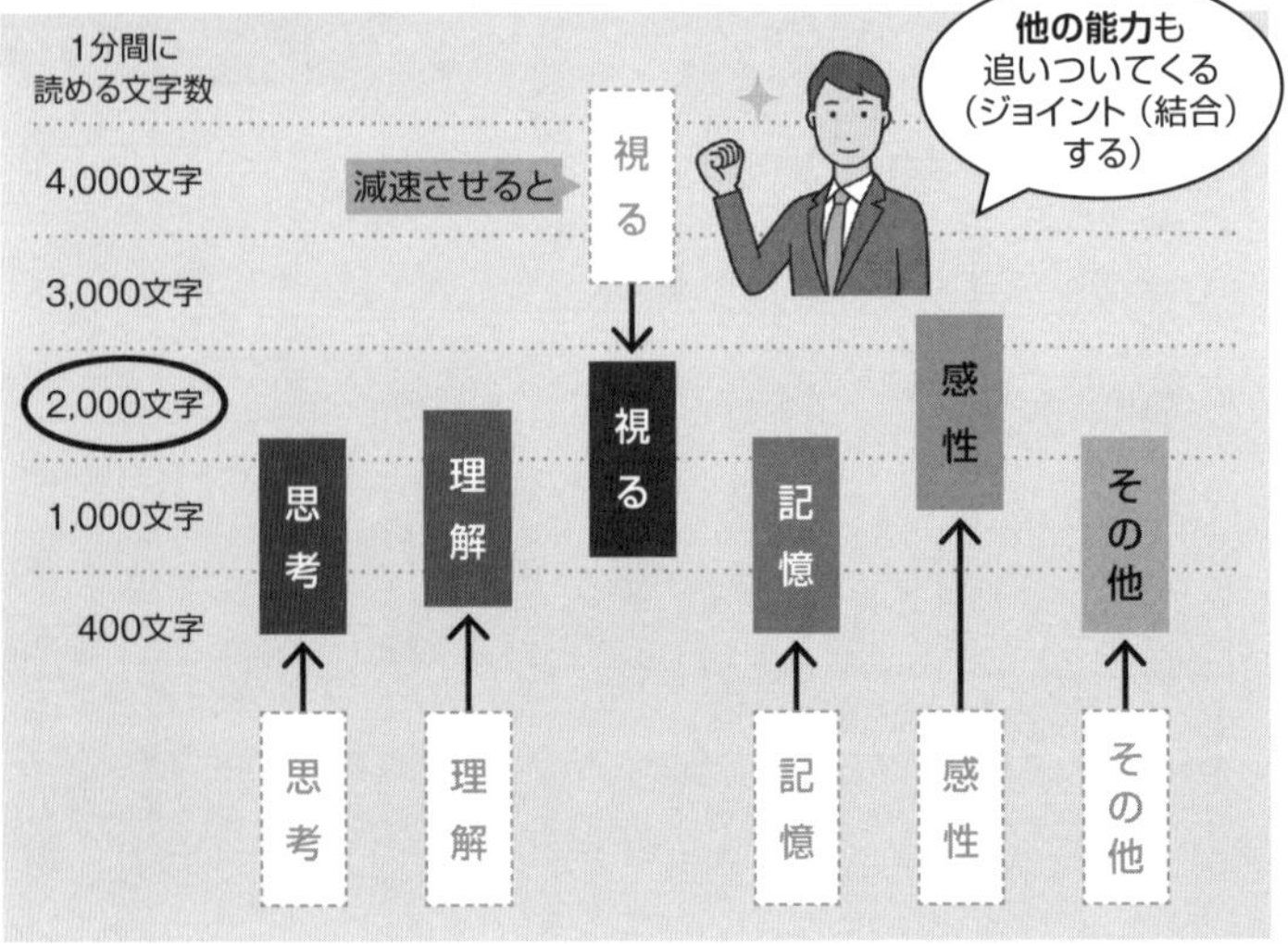

第に高速に慣れていきます。ただし、この時点では「視る」速さに他の能力が完全には追いつきません。眼に入ってはいるけれど、全部は理解できないという状態です。

そこで一定期間、高速状態での訓練を続けたあと、今度は視る速さを中速まで落とします。すると、他の能力が「視る」能力に追いつき始めます。「視る」と「理解」「記憶」などの能力が結合し、見たものがわかる状態になるわけです。

この状態をトレーニング前と比較してみると、「読む」（つまり、視て理解する）速度が格段にアップしていることがわかります。個人差はありますが、ほとんどの人が倍以上に読書スピードがアップしているのです。

では、次ページから、いくつかの簡単なトレーニングを実践してみましょう。紹介するトレーニングは眼筋と有効視野を鍛えるトレーニングです。このトレーニングを通じて、結果的に脳が並列処理状態に変わっていきます。

Point

「読む」ではなく「視る」訓練から始める

眼筋・有効視野を鍛えるトレーニング

トレーニング１
眼筋の上下運動

この眼筋上下運動は、眼筋の上直筋と下直筋（65ページのイラスト参照）に、速く動かすという負荷を与えることによって筋力をつけます。これだけでも、ある程度は縦書きの文章を読む速度をアップさせることができます。

トレーニング法

①黒丸が上下に位置するように、本を両手で持つ
②目から20センチ離す
③上段右端の黒丸から番号順に黒丸に視点を移動させる
④❶〜⓰までの視点の移動を、往復約1秒間で行なう（❶→❷→❸で1秒）
⑤トレーニング時間は約5秒間（❶〜⓰の視点の移動、5往復）

眼筋上下運動シート

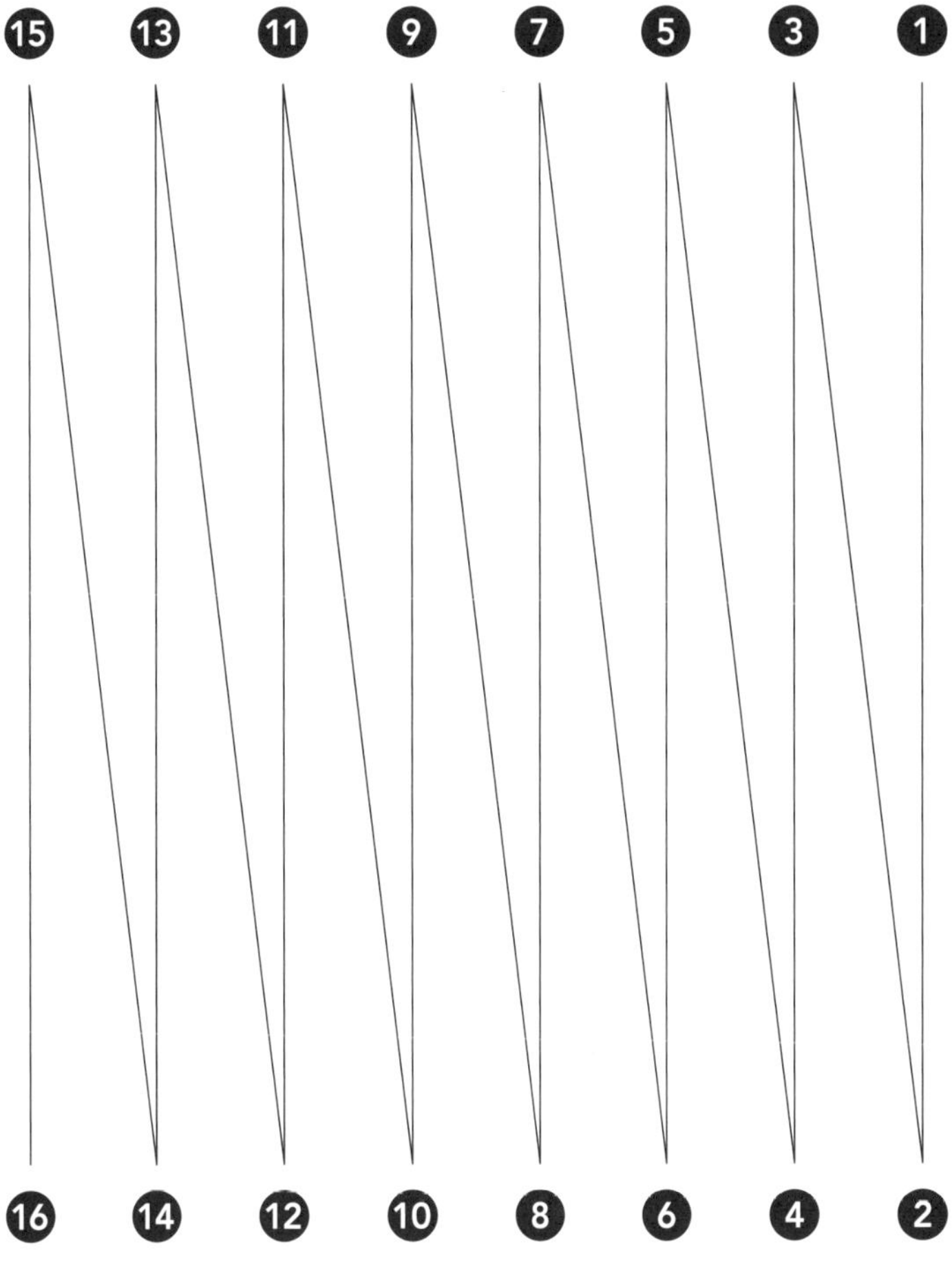

トレーニング2

眼筋の横運動

この眼筋横運動は、眼筋の外直筋と内直筋に、速く動かすという負荷を与えることによって筋力をつけます。この2つの眼筋が鍛えられていないと、横書きに印刷された文章を速く読むことができません。

トレーニングで外直筋と内直筋に筋力をつけることにより、横書きの文章を読む速度をアップさせます。

トレーニング法

① 黒丸が左右に位置するように、本を横にして両手で持つ
② 目から20センチ離す
③ 左側上端の黒丸から番号順に黒丸に視点を移動させる
④ ❶～⓰までの視点の移動を、往復約1秒間で行なう（❶→❷→❸で1秒）
⑤ トレーニング時間は約5秒間（❶～⓰の視点の移動）

眼筋横運動シート

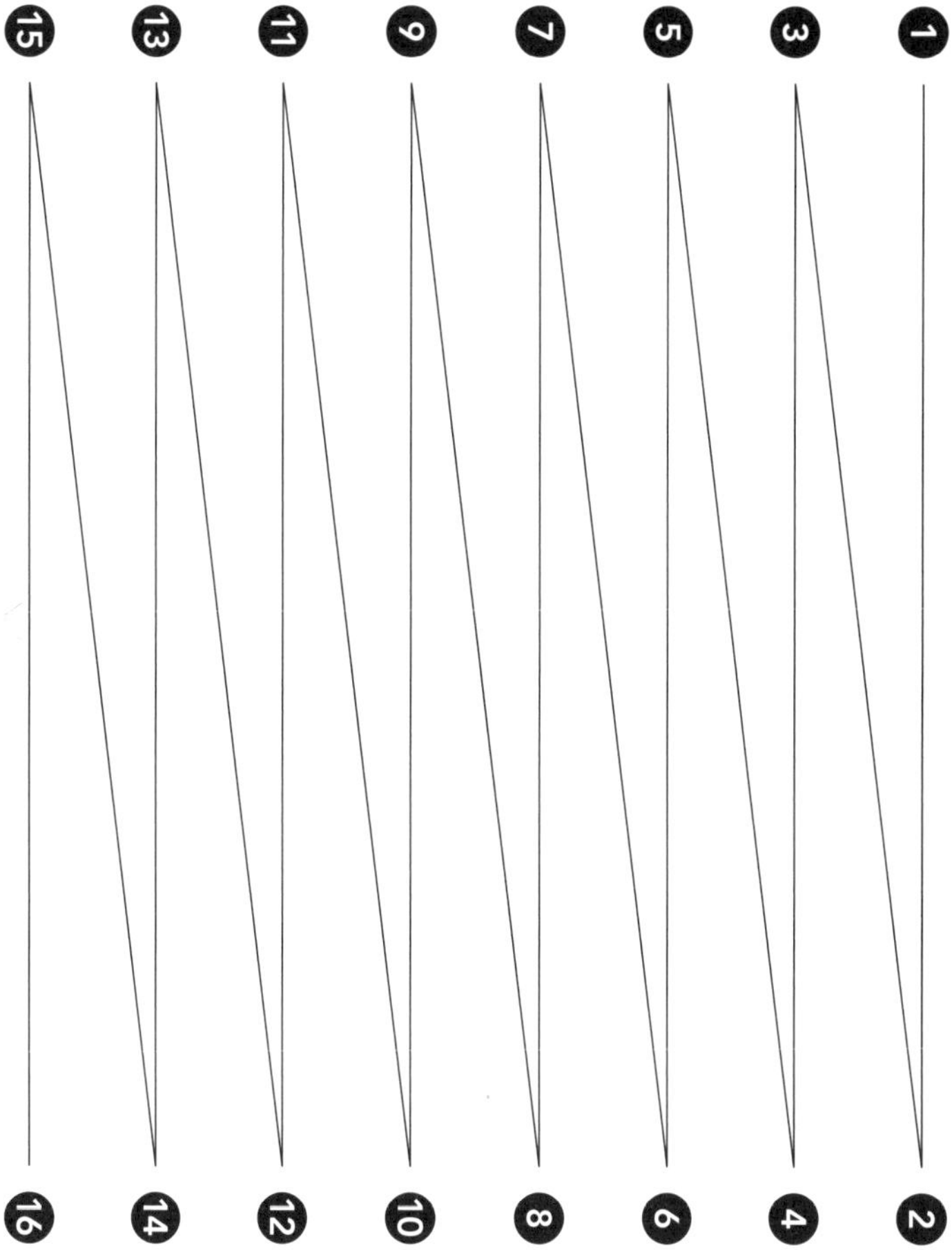

トレーニング3

眼筋の円運動

人の目を動かしている眼筋には、上直筋・下直筋・外直筋・内直筋・上斜筋・下斜筋の6種類があります。この眼筋円運動は、速く動かして負荷を与えることによって、6種類の眼筋全部に筋力をつけることができます。

6種類の眼筋に、よく発達した眼筋と、それほど発達していない眼筋がある場合、眼球はよく発達した眼筋のほうにより強く引っ張られて、微妙に形状がゆがみます。すると、そのゆがみは角膜に影響を及ぼして、乱視などによる視力の低下や眼精疲労が起きやすくなるなどの弊害をもたらします。

また当然、文章を読む際の文章処理能力の低下、事務処理能力の低下につながります。

そこで、オールラウンド型のトレーニングを眼筋に行なって、6種類の眼筋をまんべんなく発達させることが必要なのです。

トレーニング法

① 本を横にして両手で持つ（60ページの図を見る

② 目から20センチ離す

③ 円の弧上にある黒丸に視点を置く

④ 左まわりで、円周をなぞるように視点を移動させ、黒丸まで戻る（図のⒶ）

⑤ 次に右まわりで視点を移動させ、黒丸まで戻る（図のⒷ）

⑥ 視点が円周を2回まわる（ⒶとⒷを行なう）時間は、約1秒間とする

⑦ 左まわりと右まわりを5回くり返し、約5秒間で終了する

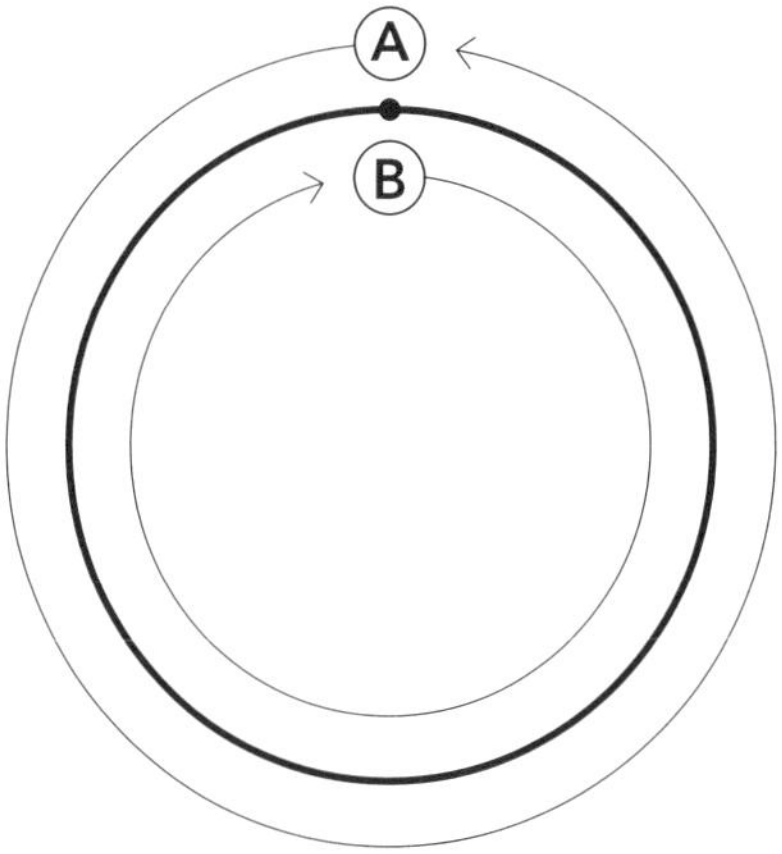

トレーニング法説明用の図

眼筋円運動シート

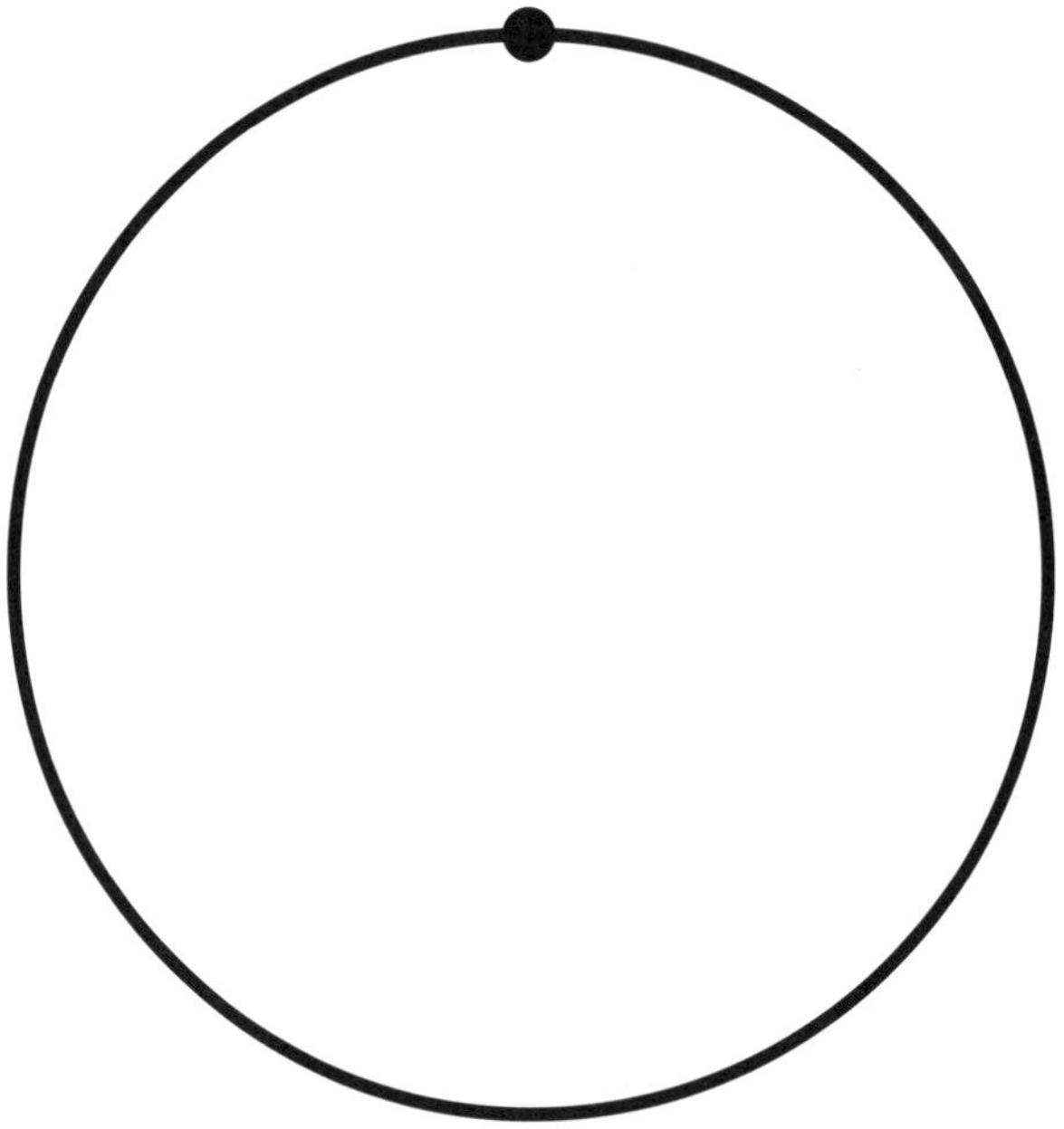

トレーニング4　眼筋の縦対角運動

この眼筋縦対角運動は、トレーニング3と同様、目を速く動かして負荷を与えることで、上直筋・下直筋・上斜筋・下斜筋の4つの眼筋に筋力をつけます。眼筋円運動と同様に、眼筋をまんべんなく鍛えることができます。

このトレーニングをすると、やがて複数の縦書きの文書をまとめて読む「ブロック読み」ができるようになっていきます。

トレーニング法

①本を両手で持つ

②目から20センチ離す

③右側上端の黒丸から、番号順に黒丸に視点を移動させることをくり返す

④❶から❹まで視点を移動して❶に戻る視点移動を、約1秒間で行なう

⑤トレーニング時間は約5秒間（❶から❹まで行き、❶に戻るのを5回）

眼筋縦対角運動シート

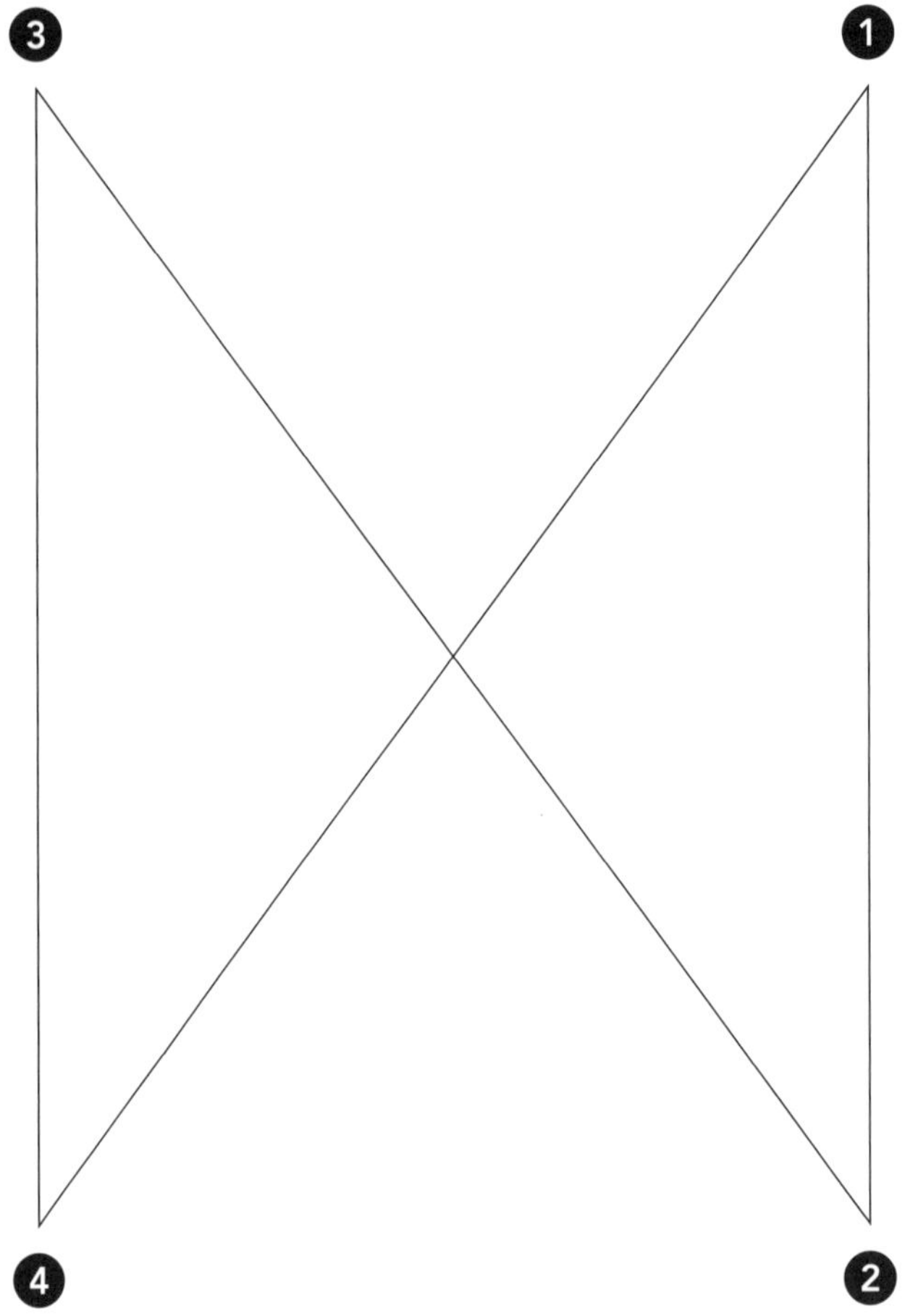

トレーニング5
眼筋の横対角運動

この眼筋横対角運動は、トレーニング４で縦方向に鍛えたトレーニングの横バージョンです。これまでのトレーニングと同じく、速く動かす負荷を与えることで、外直筋・内直筋・上斜筋・下斜筋の４つの眼筋に筋力をつけます。

トレーニング法

①本を横にして両手で持つ
②目から20センチ離す
③左側上端の黒丸から、番号順に黒丸に視点を移動させることをくり返す
④❶から❹まで視点を移動して❶に戻る視点移動を約1秒間で行なう
⑤トレーニング時間は約5秒間（❶から❹まで行き、❶に戻るのを5回）

眼筋横対角運動シート

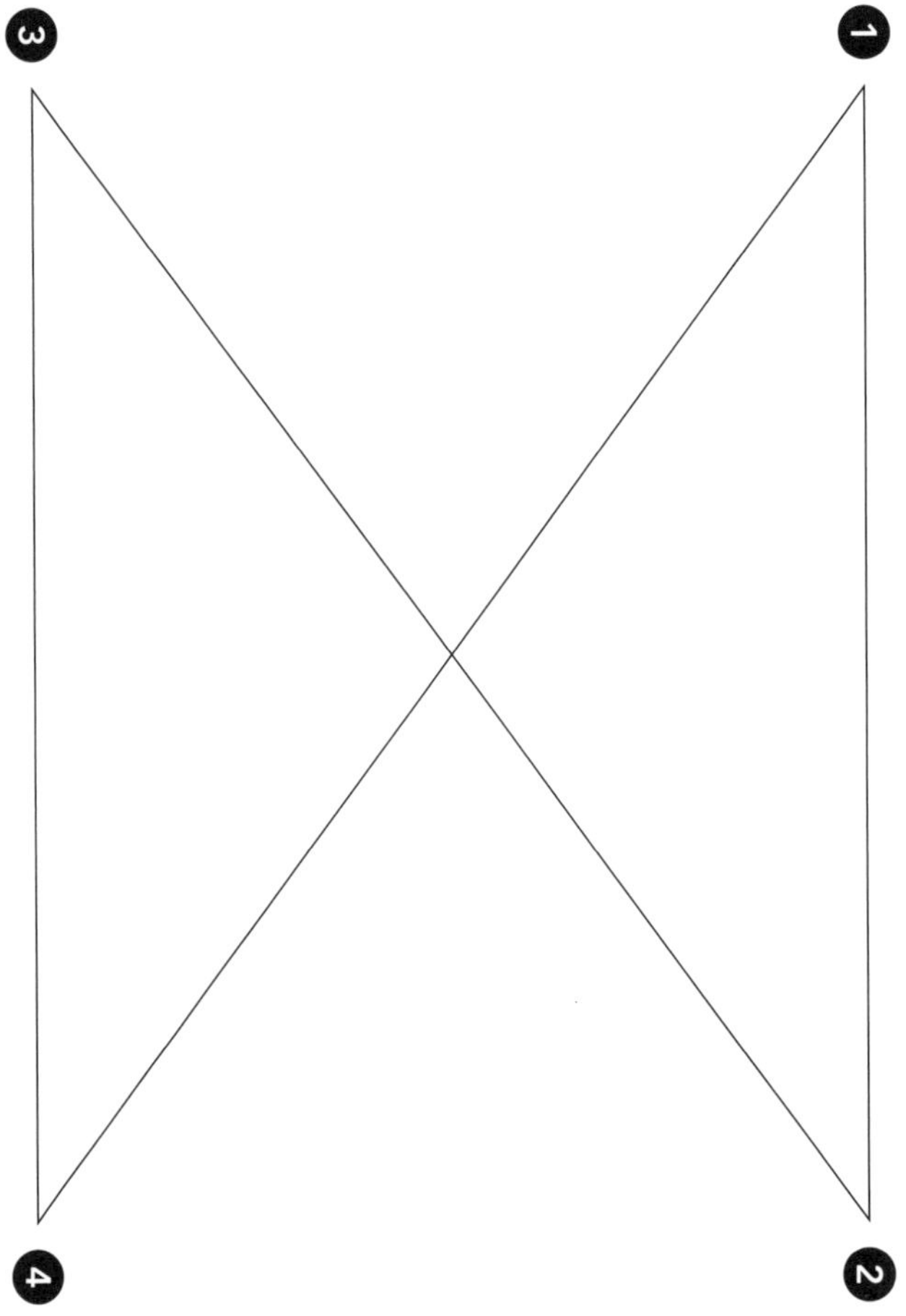

トレーニング6
眼筋のランダム運動

私たちは普段、6種類の眼筋を均等に使っています。

ところが、縦書きにせよ横書きにせよ、文章を読む場合は2種類の筋肉しか使いません。

そのため、読書量の多い人ほど眼筋の発達にアンバランスが生じ、それが原因となって徐々に視力が低下していきます。

この眼筋ランダム運動をすることで、眼筋全体に筋力がつきます。また、眼球をまんべんなく発達させることで、低下した視力をある程度回復させることも可

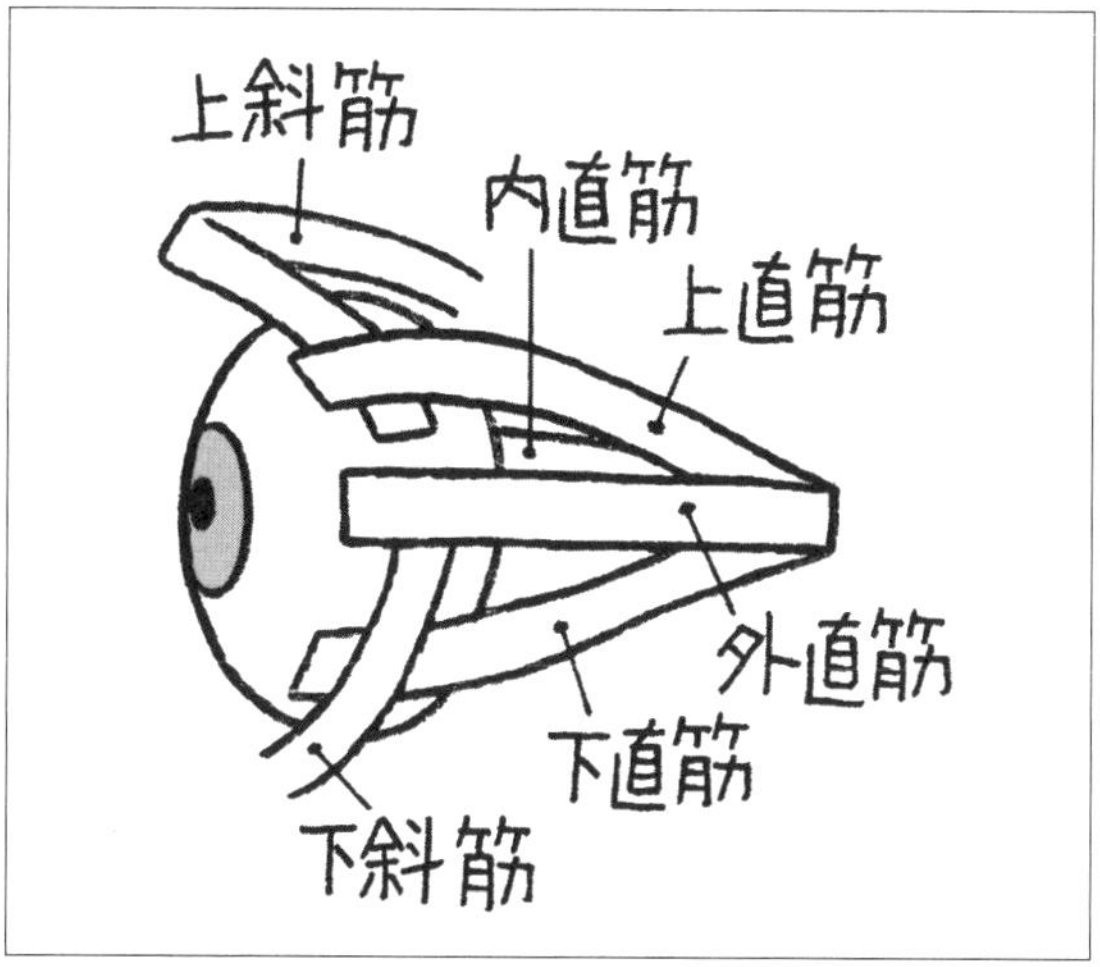

能となります。

トレーニング法

①本を縦にして両手で持つ
②目から20センチ離し、矢印から、図形の線上をなぞるように視点を移動させる
③できる限り速く、図形の線上をなぞるようにする
④シートAとB、2枚とも同じ要領で行なう（※ Bは、どちらの方向に視点を移動させてもよい）

眼筋ランダム運動シート A

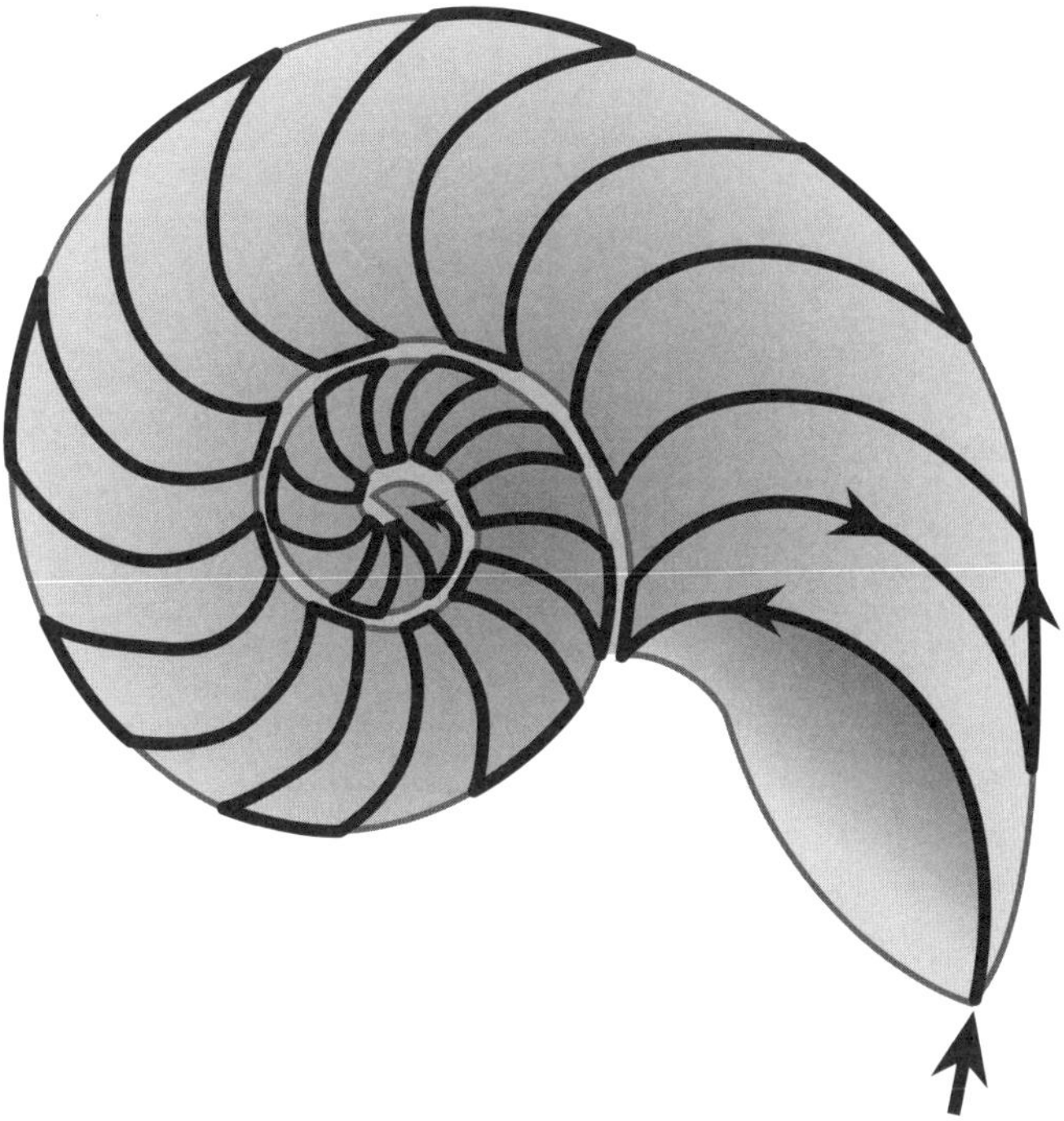

眼筋ランダム運動シート B

トレーニング7
視幅拡大トレーニング

人は自然状態では、約１８０度の広がりの視野を持っています。しかし、文字を読む生活を続けていると、視野を絞り込んで、そのときに意味を読み取っている対象の文字しか見ないので、それ以外の無関係な文字は意識的に視野から除外するという習性が身についてしまいます。

また、視野が狭くなると、それに伴って読書速度も連動して落ちるという現象が見られます。この傾向に歯止めをかけるのが、視幅拡大トレーニングです。

トレーニング法❶

①視点を中心の黒四角に置く
②視点を動かさないようにして、見る範囲を外側にスライドさせていく
③いちばん外側に行ったら、すぐに中心に戻る
④30秒間で８回以上、スライド（往復）させる

視幅拡大トレーニングシート

トレーニング法❷

この視幅拡大トレーニングは、屋外でもできます。

正面を見たまま、左右両端も意識して、視野を確認できるようにしてください。

歩きながらでも、信号待ちをしているときでも簡単にでき、視幅を拡大するのに効果的です。

トレーニング8

識幅拡大トレーニング

前述したように、人の視野には、単に網膜に映して見ているだけの範囲と、意識を集中してその中に表現されている概念や情報を読み取ろうとする範囲の2つがあります。後者は前者の内側に含まれています。この後者の範囲を「識幅」と呼びます。

識幅が狭いと、視幅が広がっても瞬時に多くの情報を読み取れるようにはなりません。そこで、この識幅を広げるのが、識幅拡大トレーニングです。このトレーニングで読書速度を上げることができます。

トレーニング法

①視点を中心の文字に置く（ここでは「務」）
②視点を動かさないようにして、見る範囲を外側に広げていく
③全体的に認識できなくても、四隅に意識を分散させ、まとめて見るようにする
④内外への移動をくり返しながら行なう

識幅拡大トレーニングシート

盾
加
堂
担
元 抗 鍋
完 各 猶
部 度 予
薬 数 扇
帯 暖 番
子 拡 屋
姉 我 正
思 張 確
財 疎 字
間 遠 蓄
検 駅 令
分 浜 引
潔業熱
朝改原海辺追店頭段気遠式高務国的億知電明住江季藍芸善解
第画癖
愛 全 見
暮 例 落
無 設 聞
紀 備 暮
伊 座 東
債 聴 器
泣 象 海
小 黄 歌
多 色 思
塩 簡 考
音 単 時
紀 帝 小
国
企
何
同

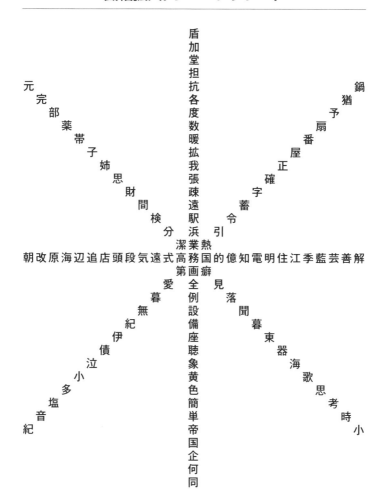

速脳速読の初歩はなぞり読みから

速脳速読トレーニングの初歩でまず行なうのは「黙読」から「視読」への切り替えです。これだけで、読書スピードはアップします。具体的には１分間に４００文字程度読めている人なら、約１０００～３０００文字読める、つまり、３～８倍近くになることもあります。

「視読」とは字が示す通り、ただ「視る」だけの読書法です。

「黙読」は、声こそ出していませんが、目で追った文字を声で再現しています。つまり、よくよく注意してみると、声は出していませんが声帯が動いている場合が多いのです。

「視読」のやり方としては、まずは**ページ全体を視野に入れるよう心がけます。**そして一文字一文字追うのではなく、声帯を動かさずに全体を一度で把握するように努力します。もちろん、最初からはできないかもしれませんが、トレーニングをくり返しているうちにできるようになるはずです。

ページめくりを誰かに依頼する

簡単な方法としては、本のページめくりを誰かにやってもらう方法もあります。

普通の単行本は1ページ５００文字程度ですから、30秒すぎたらめくってもらう。30秒しかない、とわかっていれば、目はしっかり全体を把握しようとします。

頼める人がいないなら、ＰＣでスクロールする文字を追うのもよいでしょう。

とにかく、1分で８００文字程度の量をどんどんスクロールしていく。そうしているうちに、目が追いついてきます。

新日本速読研究会でも、本書の特典としてオリジナルのＰＣ教材を用意しています。

古くは電子手帳やパソコン用のソフトを開発した時代もありましたが、今は手軽にアプリなどでチャレンジできるように用意しています。くわしくは巻頭（６ページ）

のＵＲＬを入力、またはＱＲコードを読み取ってダウンロードしてください。

これらの方法でまずは視覚能力を鍛えることで、速脳速読に必要な視る力を向上させることが可能になります。

Point

まずは1分1000字以上を目指す

メトロノームを使った「1秒1行」訓練も有効

1ページという量が負担に感じる場合、1行を1秒で読む訓練を重ねる方法もあります。

単行本の1行は、だいたい40文字です。37〜38文字程度の本も多いですが、とはいえ、多くの本が1行40文字、これは私が速脳速読メソッドを開始した40年以上前から、あまり変化がないように感じます。

４００字を1分が日本人の平均ですから、1行（40文字）は６秒程度で読むのが日本人の標準です。それを上まわる訓練ですから、1行を1秒で読めるようになれば、1分で２４００字、平均の６倍のスピードで読めるようになります。

やりかたとしては、メトロノームを動かし、カチカチと1秒ごとに行きつ戻りつするように調整します。そして手元の本の1行に集中して視ます。カチッと鳴ったら問答無用に次の1行です。読めても読めなくても次に進みます。

最初は読めないはずですが、トレーニングを重ねれば、徐々に読める範囲が広がっていくはずです。

実際に、次の文章で試してみましょう。

軽い読み物などの平易な文章を読ませた場合の日本人の平均的な読書能力は、分速４００文字前後です。

これは子どもから老人までを含んだ数字で、成人だけを選んで読書能力を測定すると、分速６００文字前後となります。ごく普通の文庫本、新書が1ページ平均６００文字で印刷されていますから、1分で1ページずつ読んでいく能力を持っていることになります。これは実際に、電車の中で読書している人の10人中9人までが、およそ2分ごとにページをめくっていることからもわかります。

また、これまで速読法のトレーニングを一切受けたことがない、という人の中から無作為に抽出して、読書能力を測定してみたことがあります。

その結果は、最低が分速２００文字、最高が分速１０００文字で、その間で「正規分布曲線」を描きました。ピークは分速４００文字と６００文字の間でした。

さらに、多くの文章を扱う業務に携わっている、出版社の編集者の読書能力を測定してみたところ、最低が分速６００文字、最高が分速１２００文字で、その間で正規分布曲線を描きました。ピークは分速８００文字のところです。成人の平均値よりも、分速２００文字ほど高かったわけです。

同じく、資格試験専門の予備校の受講生（これは、現役の大学生から年輩の方まで、年齢構成に幅があります）の読書能力の平均値は、分速８００文字前後でした。

このことから、文章を多く扱う業務に携わっていて、活字に接したり文章を読む機会の多い人たちの読書能力の平均値は、分速８００文字前後であることが推測されます。

あなたは1行を何秒で視ることができたでしょうか？

時間がかかった人は、おそらく読んでしまっていたのではないでしょうか。まずは「読む」ではなく「視る」ことを忘れないでください。

高速訓練で速脳速読力をアップする

ここまでで「できない」と感じている方には少し残酷ではありますが、「できない」と感じたなら、ぜひ試してほしいことがあります。

次は０・５秒で1行を視るトレーニングにチャレンジしていただきたいのです。

「できないって言っているのに！」と怒らずに、グッとこらえてやってみましょう。


０・５秒で1行、1秒で2行を視て、最後まで到達してください。

そうしたら今度は再び、1秒で1行を視るペースに戻してください。


どうでしょうか？

ぐっと内容を把握できるようになったと感じませんか？

最初はあまり感じられないとしても、このトレーニングを続けているうちに理解力が高まるのを感じられるはずです。

前述した通り、高速と減速をくり返すことで、「視る」訓練であると同時に「読む」訓練にもなっています。全体の内容をつかむ訓練ですから、一瞬で右脳へスイッチングする訓練としても有効です。

１秒で１行↓１秒で２行↓１行で１秒、これで効果が感じられないときは１秒で１行↓１秒で２行↓１秒で４行↓１秒で２行と、さらに緩急をつけます。

この倍速に上げて半速に落とすトレーニングを反復することで、速脳速読力はアップします。

ページをめくる速さを鍛える

速脳速読のトレーニングを行なうにあたり盲点になるのが、「条件反射」です。

第一の条件反射は、前項までに述べた「黙読」の習慣です。

第二の条件反射は、視野を絞り込むことで、とくに右脳が働きにくいように脳細胞のスイッチをオフにしてしまうことです。

これは文章が視野に入ってくるペースが、中途半端に理解できそう、覚えられそうなスピードのため、そのような反射が起こるのです。したがって、絶対に内容が理解できないくらいのスピードでトレーニングすれば、この条件反射は起こりません。

そこで、第2段階のトレーニングを紹介します。「高速ページめくりトレーニング」と呼ばれる独特のトレーニングです。

あなたはこれまで、片手で本の背表紙を支え、もう一方の手の親指の腹でページをめくっていたと思います（そうでない人もいるでしょうが）。

しかしこの方法では、分速1万文字程度のスピードまでにしか対応することができません。そのため速読法が上達してくると、手が目に追いつかないという現象が起きてくることがあります。

この「高速ページめくりトレーニング」には、そういう事態に備えての読み方という目的もないわけではありませんが、むしろ、効率的に視野の絞り込みの条件反射を制御する（条件反射を起こさせない）ことが主な目的になります。

また、「高速ページめくりトレーニング」は、高速であらわれては消えていく文字を見ることによって潜在能力を活性化させるトレーニングです。ただし、習得するのにある程度のトレーニング期間が必要なので、適当な時間があるときに行なって、5～6冊の本がすり切れてつぶれるくらいのつもりで取り組んでください。

【高速ページめくりの準備運動】

お手元に200ページぐらいの縦書きの本を1冊、用意してください（本書でも結構です）。背のやわらかい本（ソフトカバー）で、勢いよくページをめくったときに弾力があって、よくしなるような本を選んでください。また、できるだけ文字の大きい本にしてください。小学校の低学年向けの児童書でもＯＫです。ただし、必ず背のやわらかい本にしてください。

右手で軽く背表紙の部分を支え、左手の親指の腹でページを「しごく」ような感じで、できるだけ速くページをめくります。銀行員が札束をビューッと数える要領です。もちろん、ただめくるだけではなく、本の中央の綴じしろ近くの行も、ちゃんと視界に入る状態でめくる必要があります。

１冊を２秒前後でめくれるようになるまで、何度でもくり返してください。

どうでしょうか？　印刷された行の全部が見えるように気を使うと、意外に難しいはずです。１枚ずつ正確にめくることができず、２、３枚をいっぺんにめくってしまったりします。実は、左手で正確にページがめくれるというだけで、相当な右脳の活性化トレーニングにもなっているのです。

それでは、次に左右の手を替えて、左手で軽く背表紙を支えて、先ほどとは反対に、本の最後から右手の親指の腹でしごいてページをめくってみてください。

あなたが右利きだったら、今度はそれほどの苦労もなく、正確に１枚ずつめくれたと思います。

何度もページめくりトレーニングをすると、やがて親指の付け根付近の筋肉が疲労して、はれたり、痛みを覚えたりするようになるはずです。そんなときはインターバルを置き、またトレーニングを再開します。

このトレーニングが右脳の活性化になる理由は、左手を支配しているのが右脳だからです。ここまでが準備段階です。

次からが、実際に行なってもらうトレーニングです。

〈第1段階〉高速ページめくりトレーニング

200ページの本を最初から最後まで、0・3秒から0・5秒で、ビュッと勢いよくめくる。10秒間で、20回から30回くり返し行なう。

※休憩をはさみながら、5回くり返します。

なお、高速・中速・低速いずれの場合も、視点を本の中央、ページの綴じしろの部分に置き、印刷された文字が視野に飛び込んでくるのにまかせ、自然体で眺めるようにしてください。自然体というのは、交感神経がほとんど作動していない状態、副交感神経の支配下にある状態ということです。

〈第2段階〉文字識別トレーニング

高速ページめくりをしながら、本に印刷されている文字も見るようにする。チラッとでも見えればOK。

この訓練により「文字は消えないものだ」という潜在意識が、徐々に「文字は消えるもの」という潜在意識に切り替わっていきます。

〈第3段階〉中速ページめくりトレーニング

「高速」の約半分のスピードでめくる。

10秒間に10回前後にスピードを落とす。

ほとんどの文字は流れて見えないでしょうが、続けることによって目が次第に速さに順応し、見えるようになります。

〈第4段階〉低速ページめくりトレーニング

10秒間に1回のスローペースで、1冊の本を最初から最後までめくる。ページを飛ばさず、一定のペースで最初から最後までめくれるように練習しましょう。

このくらいの速さになると、イラストなどがあれば見え、中にはかなりの単語が読み取れる人もいるはずです（時間に余裕があれば、第1段階からここまでのトレーニングを反復して行なってもよいでしょう）。

〈第5段階〉ページめくりカウントダウン1

1秒間に8ページのペースに落とす（２００ページだと1冊25秒）。

そのあと、さらに1秒間に4ページ（同1冊50秒）、2ページ（同１００秒）とスピードダウンする。

視野の範囲内にある文字は、だいぶ目に入ってくるようになっているはずです。

〈第6段階〉ページめくりカウントダウン2

1秒間に1ページのペースでめくっていく。印刷された文字の幅を広い刷毛《はけ》で塗りつぶすように、目をＷ字形に動かしながら見ていく。ただし、まだ意識して読もうとしない。

同じペースで、最初から最後までめくれるようにトレーニングしましょう。

〈第7段階〉高速なぞり訓練

可能なかぎり猛スピードで視線を動かし、各行の印刷された文字を目でなぞっていく。まだ意味を読み取るのではなく、ひたすら先へ進むことを考える。10秒間行なって、少し休憩し、また行なうようにする。

高速はもちろん、中速であっても、最初は到底内容の把握などできたものではありません。ところが慣れというのは恐ろしいもので、最初はまったく見えなかった文字群が、トレーニングを続けているうちに、しだいに見えるようになってきます。

眼がページめくりの猛スピードに慣れて、順応したのです。

ただし、文字群が見えるようになっても、印刷されている文章内容を理解して把握するということは、まだほとんどできないはずです。文字が見える、識別できることと、理解できることとの間には、依然として大きなギャップがあることがわかります。

また、見えるようになったからといって、ページを埋めている全部の文字が明確に識別できるわけではありません。ごく部分的に数個の文字が見分けられれば十分です。ページ全体の半分でも3分の1でも、人によっては1割程度でも差し支えありません。このトレーニングによって、「文字は消えないものだ」という固定観念が、「文字は消えるもの」であり、しかも「きわめて短時間で消滅するものだ」という潜在意識に徐々に切り替えられていきます。

そして必要に迫られて、なんとか消滅するまでに記憶にとどめようと、右脳の視覚野に残像を残す能力が高まっていくのです。

ブロック読みで速脳速読をマスターする

一般的に多くの人が「これこそが速読術！」というイメージを抱いている速読術こそ、文章を文字の塊（ブロック）状態で読む「ブロック読み」です。これは右脳速読の一種で、上級の速読術とも言えます。

このブロック読みの意味と意義は、おおよそ次のように説明することができます。

まず、普通の人が文章を端から順番に1文字ずつ（欧文の場合は1単語ずつ）なぞるように読んでいく（なぞり読みと呼ぶ）のに対して、ブロック読みでは十数文字、数十文字というような塊で、文章の意味を把握して読み進んでいきます。

また、なぞり読みは各行を「線的」に読んでいきますが、ブロック読みは複数の行を同時並行で読むので、読み取る範囲に広がりがあり「面的」な読み方と言えます。

ブロック読みでは、ブロック全体に含まれている文章の意味を一度に読み取って理解します。したがって、読み取るまでの時間が非常に短く、同じ文書量を読破するのも、なぞり読みの数分の一から数十分の一という短時間ですみます。

その他、一度に読み取れる面積が大きいので、一定面積の中に混入したまちがいを探し出すといった検索作業も、従来より格段にスムーズに運ぶようになります。

実際の業務でも、これに類似したまちがい探しを行なうことが、業種によってはあるのではないでしょうか。そういう点で、ブロック読みが修得できれば、いろいろな場面でまちがいなく役立つはずです。

本を使ったブロック読み

次のページの図を見てください。1ページが4つの図に分割されています。

このブロックの中身を端から順に見るのではなく、一目でブロック全体を見るようにします。

①から④はブロックの中心は空白で左右の端に記号があるだけなので、比較的全体を見やすいはずです。左右を交互ではなく、必ず左右の端を含めた全体を視野に入れてください。

⑤から⑧は少し難しくなりますが、同じ漢字の羅列ですから「○という漢字が羅列されている」と把握できればよいので、まだまだ基礎レベルです。

①〜⑧までをくり返して、「ブロックで把握する」という感覚を掴んでください。

それができたら、いよいよ実践編です。

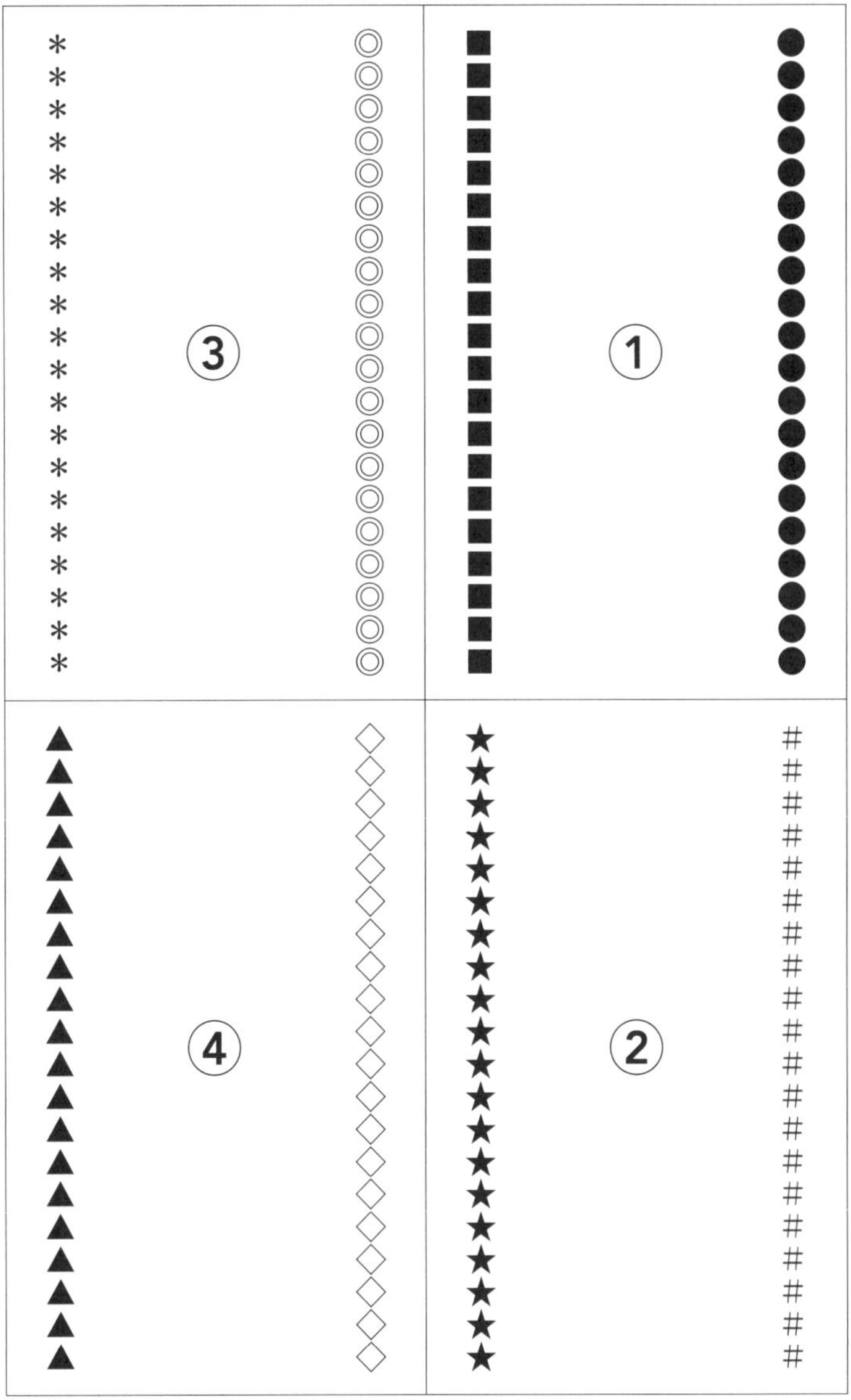
③
①
④
②

生生生生生生生生生生生生生生生生生生生生
一一一一一一一一一一一一一一一一一一一一
⑤
元元元元元元元元元　元元元元元元元元元
右右右右右右右右右　右右右右右右右右右
左左左左左左左左左左左左左左左左左左左左
木木木木木木木木木木木木木木木木木木木木

高高高高高高高高高高高高高高高高高高高高
良良良良良良良良良良良良良良良良良良良良
⑥
幸幸幸幸幸幸幸幸幸　幸幸幸幸幸幸幸幸幸
東東東東東東東東東　東東東東東東東東東
追追追追追追追追追追追追追追追追追追追追
逃逃逃逃逃逃逃逃逃逃逃逃逃逃逃逃逃逃逃逃

優優優優優優優優優優優優優優優優優優優優
紀紀紀紀紀紀紀紀紀紀紀紀紀紀紀紀紀紀紀紀
⑦
宥宥宥宥宥宥宥宥宥　宥宥宥宥宥宥宥宥宥
真真真真真真真真真　真真真真真真真真真
愛愛愛愛愛愛愛愛愛愛愛愛愛愛愛愛愛愛愛愛
苦苦苦苦苦苦苦苦苦苦苦苦苦苦苦苦苦苦苦苦

極極極極極極極極極極極極極極極極極極極極
激激激激激激激激激激激激激激激激激激激激
⑧
艦艦艦艦艦艦艦艦艦　艦艦艦艦艦艦艦艦艦
興興興興興興興興興　興興興興興興興興興
蕭蕭蕭蕭蕭蕭蕭蕭蕭蕭蕭蕭蕭蕭蕭蕭蕭蕭蕭蕭
職職職職職職職職職職職職職職職職職職職職

意味のある文章をブロック読みする

次に、意味のある文章のページを同じように4分割して読んでいきます。

次ページからの例文を記号の場合と同じように、ブロックごとに把握していくようにチャレンジします。

把握できないかもしれませんが、それでも止めることなく、とにかく最後まで進みます。

ちっとも把握できない場合は、先ほど説明したなぞり読みの要領と同じで、まずは1ブロック2秒、1ページ8秒で。次に1ブロック1秒、1ページ4秒で、というふうに高速と減速をくり返します。それでもやはり難しい場合は、1ページ16秒↓1ページ8秒のくり返しでもいいですし、32秒と16秒でもよいのです。とにかく「把握できたかも」と思えるスピードまで調整しながら、高速と減速をくり返します。

そして慣れてきたらスピードをアップしてください。

実は、これまであなたは本を読む場合にかぎって、異常に遅い眼の使い方をしてきたのです。ここで、それを実証してみましょう。

これまでどおりの本の読み方をしたあと、紙面から眼を離して周囲を見まわすときに、活字を追っていたのとまったく同じスピードで、視線を動かしてみてください。

どうでしょうか。そうすると、あまりの遅さにイライラしてきて、すぐにもっと速く眼を動かさないではいられなくなるはずです。

いままでは、読書をする場合にかぎって、異常に遅い眼の使い方をしてきたのですが、長いあいだそれが正常であると習慣によって思いこんできたので、その異常さに気づかなかっただけなのです。

この遅読の習慣は、最初は音読によって芽生え、培われます。なぜなら、どんなに早口で読んだとしても、声帯という筋肉器官の動きには、読むスピードに限界があるからです。

ところが、2点読みトレーニングのように「読まずに見ただけで、どんどん先へ進む」

ブロック読みのトレーニングはいろいろな種類があります。とはいえ、縦書きと横書きで、1行の文字数を変えながら、超高速で1行ずつ読んでいくトレーニングが基本になります。

ここでは、縦書きと横書きをそれぞれトレーニングしてみましょう。

縦書きのブロック読みトレーニング

100ページのトレーニング文を使い1行10文字を一度に全部視野に入れ、視線をそのまま右から左に横に移動させながら、音読せずに文章を見ていきます。

最初から文章の意味を理解しようとせず、素早く10文字ごとのブロックを見ていくことからスタートします。

【トレーニング】

① 1行10文字のトレーニング文を超高速で見ていく（10秒間）

3段組みのトレーニング文を、上段、中段、下段の順に素早く見ていきます。トレーニング文の最後まで行くようにしてください。

内容を読んでやろう、という意識が強く働くと、ペースダウンしてしまいます。ついつい内容に気をとられて途中で減速してしまった方もいるかと思いますので、もう一度、10秒間で勢いよく最後まで見ていってください。時間があまった人は、またはじめに戻ってください。

② 1行10文字のトレーニング文を超高速の半速で見ていく（10秒間）

今度は、スピードを半分に落とします。その際に、見ていくだけで勝手に飛び込んでくる言葉があれば、読み取っても構いません。ただし、そのためにスピードを無理に落とすことのないように注意が必要です。

③ もう一度、①、②のトレーニングを行なう

④ トレーニング文の内容を理解できる最速のスピードで見ていく（10秒間）

文章の内容が理解できるかできないか、ギリギリのスピードで見ていきます。

この訓練を通して、これまでのように端から1文字ずつ順番に読んでいくという習慣から多少なりとも抜け出すことができます。

ブロック読みのコツは、くり返しますがブロック全体を視野に入れることです。ただ、最初から本の文章を4分割して視野に入れるのは難しい、慣れないという場合は、この短い、10文字ずつのトレーニングを使うことで、目がブロック読みに慣れるはずです。

1行10文字とはいえ、最初から複数行を読むことは困難です。まずは1行全部を視野に入れ、行頭と行末の文字を読み取るように注意して行なってください。そのとき、絶対になぞり読みはしないように注意します。

1行10文字トレーニング（縦）

　世界中の外国人に、「日本食と言えば何を思い浮かべるか？」と尋ねたら、おそらく「すし」がナンバー1を獲得するだろう。それほど「すし」は日本食としてメジャーになった。20年くらい前からアメリカを中心に空前の「すし」ブームが起こり、いまでは世界中の大都市に寿司屋がある。

　この「すし」という純和風な料理、実は日本生まれとも言えるし、違うとも言える。何とも変な表現だが、その理由はこうだ。

　寿司と聞いて、最初にちらし寿司を想像する人は少ないだろう。たいていは握り寿司を思い浮かべるはずだ。だが、握り寿司の歴史は意外に浅く、文政年間（1818〜1830年）に始まり、まだ200年にも満たない。

　それ以前に「すし」と呼ばれた料理は、握り寿司とは似てもにつかないシロモノである。

　「すし」に関する記述が出てくるのは奈良時代の718年、「養老律令」という法律に租税品として「鮨」「鮓」の文字が登場する。また、平安時代の文献「延喜式」には諸国の貢進として、伊勢国に

出典：『おもしろくてためになる日本史の雑学事典』
河合敦／著「『すし』の起源は奈良時代」より

横書きのブロック読みトレーニング

横書き用のトレーニング文でも同じようにトレーニングを行ないましょう。人によっては、縦書きよりも横書きのほうがやりやすいという人もいます。もちろん、縦書き、横書きのどちらでも速読できるようになるに越したことはありません。

【トレーニング方法】

① 103ページの横書き用1行10文字のトレーニング文を超高速で見ていく（10秒間）。

縦書きのときと同じように行ないます（2回）。

② 横書き用1行10文字のトレーニング文を超高速の半速で見ていく（10秒間）

③ もう一度、①、②のトレーニングを行なう

④ トレーニング文の内容を理解できる最速のスピードで見ていく（10秒間）

律令」という法律に租税品として「鮨」「鮓」の文字が登場する。また、平安時代の文献「延喜式」には諸国の貢進として、伊勢国に「鯛ずし」、伊予国の「イガイずし」、讃岐国の「鯖ずし」といった名前が散見される。

だが、ここで言う「すし」とは、魚介類を自然発酵させた食品、いわゆる「くさやの干物」のようなものだった。

やがて、乳酸発酵を早めるために「飯」が添加されるようになる。ここでの飯は、いわば漬物のぬか床のようなもので、食べたりはしなかった。漬け込み期間は１年ぐらいだったというから、飯は食べるに食べられなかったのだろう。こうした「すし」を一般に「なれずし」という。

やがて戦国時代になってくると、数週間程度の漬け込み期間で、ご飯と一緒に食べるようになる。これを「生なれずし」という。現代の滋賀県特産品「鮒ずし」などがまさにこ

出典：『おもしろくてためになる日本史の雑学事典』
河合敦／著「『すし』の起源は奈良時代」より

1行10文字トレーニング（横）

世界中の外国人に、「日本食と言えば何を思い浮かべるか？」と尋ねたら、おそらく「すし」がナンバー１を獲得するだろう。それほど「すし」は日本食としてメジャーになった。20年くらい前からアメリカを中心に空前の「すし」ブームが起こり、いまでは世界中の大都市に寿司屋がある。

この「すし」という純和風な料理、実は日本生まれとも言えるし、違うとも言える。何とも変な表現だが、その理由はこうだ。

寿司と聞いて、最初にちらし寿司を想像する人は少ないだろう。たいていは握り寿司を思い浮かべるはずだ。だが、握り寿司の歴史は意外に浅く、文政年間（１８１８～１８３０年）に始まり、まだ２００年にも満たない。

それ以前に「すし」と呼ばれた料理は、握り寿司とは似てもにつかないシロモノである。「すし」に関する記述が出てくるのは奈良時代の７１８年、「養老ブロック読みは右脳の活性化と識幅の拡大に伴って上達していきます。なぞり読みのように初日からの手応えは薄いかもしれませんが、あきらめないで継続してください。

1行10文字を1行ずつに慣れてきたら、1行10文字を2、3行ずつ、それも慣れてきたら4、5行ずつ……とだんだん視る幅を増やしていきます。

ここまでで、速脳速読の基本トレーニングを紹介しました。

次の章からはいよいよ、これまでのトレーニングのすべてを活用する決定版の速読トレーニングにチャレンジします。

第3章

決定版！
速脳速読トレーニング

速読は処理能力の訓練

ここまで川村式の速脳速読についてお話ししてきました。

ここから先はトレーニングが始まりますが、ここでもう一度、皆さんに覚えておいていただきたいことをお伝えします。

これから行なうトレーニングはあくまで速読のトレーニングです。

本の読み方には、次のような方法があります。

速読法：速く、大量に認識する
通読法：1回読んで理解する
再読法：2回読んで理解する
精読法：一字一句じっくり読む

味読法：小説、物語などを味わって読む
百読法：「門前の小僧習わぬ経を読む」と言うように、くり返し読むことで自然と覚える読み方

皆さんの多くが思い描く「1回サラサラと通して読んだらパッと理解できる」のは通読法です。「すごいスピードで1回読んで内容を覚えている」のは速読法＋通読法です。

速読は、形として認識するスピードを鍛えることで、脳が大量に瞬時に認識できる読み方です。

ただし、形として大量に認識することと、文章の意味を理解することはまったく別です。文章の意味を理解するためには、語彙力が必要です。3〜4歳の子ども程度の語彙しかないのに、大学のテキストを速読したからといって、内容をすべて理解できるわけではないのです。

ですから、あなたが資格試験や受験勉強で大量に覚えたいという理由で速読を学ぶ

なら、教科書などを通読し、その分野の語彙を先に頭に入れておく必要はあります。

まず、必要な語彙を基本の教科書やテキストを使って理解している。その上でほかの参考書や問題集を速脳速読すれば、大量のアウトプットが可能になります。

本書で行なうのは、あくまで視野を拡大し、一度に大量に素早く認識できるようにする速読法のトレーニングです。これを肝に銘じて、119ページからのトレーニングを行なってください。

全13種類のトレーニング

本書には巻頭の巻紙教材、縦書き6種類（A～F）、横書き5種類（a～e、E、F）、文字とイラスト（奇数ページf）と、全13種類のトレーニングが掲載されています。

ページ数の節約のため、1ページに6種類のトレーニングが掲載されていますが、皆さんがトレーニングを行なう際は1種類ずつ視界に入れるようにしてください。

つまり次のようなやり方になります。

1：両手で本の背表紙の下から3分1程度のところで本を支える

2：左手の親指でしごくようにしながら、1ページずつ本をパチパチと弾く

3：このときAならAだけ、bならbだけなど、同じ部分を視野に入れる

4：最後のページまでめくり終えたら最初に戻り、次のブロック（BならB、cならc）をめくりながら視野に入れる

A～F、a～eはの使い方は次項で説明します。

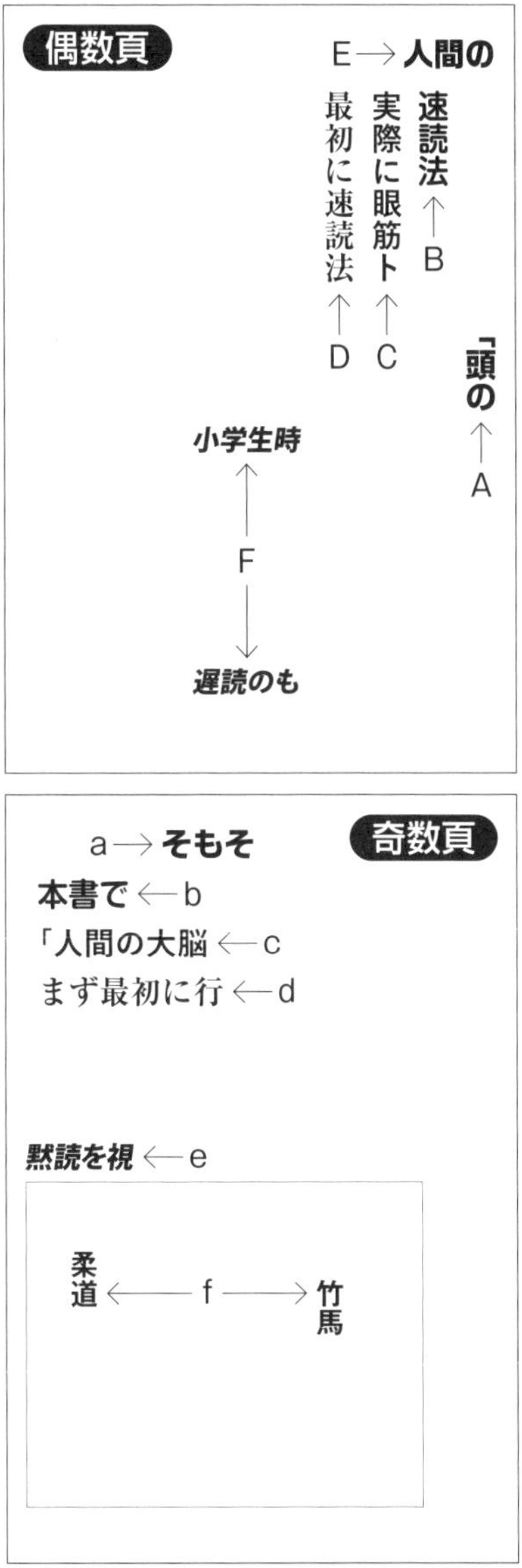

速読用二色連続絵教材の使い方

１１９ページからの速読用二色連続絵教材は、トレーニングを網羅した教材です。まず、両手で本の背の３分の１の高さのところあたりを支え、左手の親指の腹でページをしごくようにしてみてください。最初はゆっくりでも構いませんが、徐々にスピードアップすることでページめくりの訓練になります。次に、８種類のトレーニングについて説明します。

① 識幅拡大トレーニング

偶数ページのＡは縦組み、奇数ページのａは横組みの識幅拡大トレーニングです。

② なぞり読みトレーニング

偶数ページのＢは縦組み、奇数ページのｂは横組みのなぞり読み訓練です。

③ 固定読みトレーニング

偶数ページのＣは縦組みの、奇数ページのｃは横組みの固定読み訓練教材です。

④ ブロック読みトレーニング

偶数ページのＤは縦読み、奇数ページのｄは横組みのブロック読み訓練教材です。

⑤ 視線ジグザグトレーニング

横書きのＥは視線をジグザグに動かすトレーニングです。

⑥ 視線ななめ移動トレーニング

横書きのｅは視線を斜め（∞状）に動かすトレーニングです。

⑦ 視線円移動トレーニング

横書きのＦは視線を円形に移動するトレーニングです。

親指位置

⑧ 識力トレーニング

イラストと文字を使った織力をアップするトレーニングです。

次に、トレーニングの具体的な方法を説明します。

① 識幅拡大トレーニング（縦書きA／横書きa）

1ページごとに1文字ずつ文字が増えたり減ったりします。何文字まで瞬間的に読み取れるか確認してください。何度も訓練することで瞬間的に読み取れる文字数が増えていきます。

② なぞり読みトレーニング（縦書きB／横書きb）

3文字ずつ文字が移動していきます。できるだけスピードを落とさず見てください。読むのではなく、視野に入れるだけでいいのです。

③ 固定読みトレーニング（縦書きC／横書きc）

４ページに１文字の割合で文字が増えたり減ったりします。まとめて全部視野に入れてください。

④ ブロック読みトレーニング（縦書きD／横書きd）

１～３行のスペースで文字が移動する、高度なブロック読みのトレーニングです。最終的なゴールは３行を瞬時に認識することですが、最初は難しいでしょう。難しい場合、まずは１行と２行のように２分割して視野に入れていき、文章の順番を入れ替えて理解していってください。

⑤ 視線ジグザグ移動トレーニング（横書きE）

文字が３文字ずつ上下に移動しながら次第に左に動き、左下に行き着くとまた最初の地点へ戻っていきます。視線をジグザグに動かします。

⑥ 視線ななめ移動トレーニング（横書きe）

文字が４文字ずつ、長方形の対角線上を移動します。視線を∞上に動かすトレーニングになります。

⑦ 視線円移動トレーニング（横書きF）

文字が４文字ずつ円移動します。はじめは右まわり、途中から左まわりに切り替わります。難しい場合、最初は赤文字だけを拾って見ていくようにします。慣れてきたら赤文字も黒文字も関係なく、全ページを視野に入れていきます。

⑧ 識力トレーニング（枠内f）

文字と対応するイラストが掲載してあります。文字が読めない、たとえば「松明」が「たいまつ」と読めなくても、それが何かわからない（「たいまつ」が先端に火を灯した棒状の照明器具とわからない）場合も問題ありません。文字→イラスト→文字→イラストと視野に入れてください。そうすることで右脳が活性化し、そうすることで識力が上がります。ちなみにイラストのほうが覚えやすければ右脳人間、文章のほうが覚えやすければ左脳人間です。

速脳速読メソッドの秘密兵器「巻紙教材」「窓型教材」「視幅拡大L字型教材」

ここからは、本書の巻頭付録の「巻紙教材」、ご自身でダウンロードし、制作していただく「窓型教材」と「視幅拡大L字型教材」を使ったトレーニングになります。

それぞれについて説明します。

巻紙教材でスピードを把握する

巻紙教材はご自身の現在の速読スピードの把握に使います。

ストップウオッチやタイマーを用意し（スマホのタイマー機能で十分です）、1分を測れるようにセットします。そしてスタートと同時に巻紙教材を読み進めます。

1分が経過したら、そのとき読んでいた行のいちばん下の数字を見てください。あなたが分速何文字読めたかがわかります。

また行のいちばん上の目盛りを見れば、読書スピードが日本人の平均と比べて何倍かがわかります。

巻紙教材＋窓型教材でブロック読みトレーニングも

窓枠教材、Ｌ字型教材は、巻頭のＱＲコード、もしくはＵＲＬからダウンロードできます。巻紙教材を切り取り、窓型教材を当てて横にスライドさせることでブロックが出現しますので、ブロック読みのトレーニングができます。

いちばん小さい窓型教材で目が慣れてきたら、今度は窓を大きくします。窓を大きくすると一度に目に入る文字量が増えるので難易度が上がります。

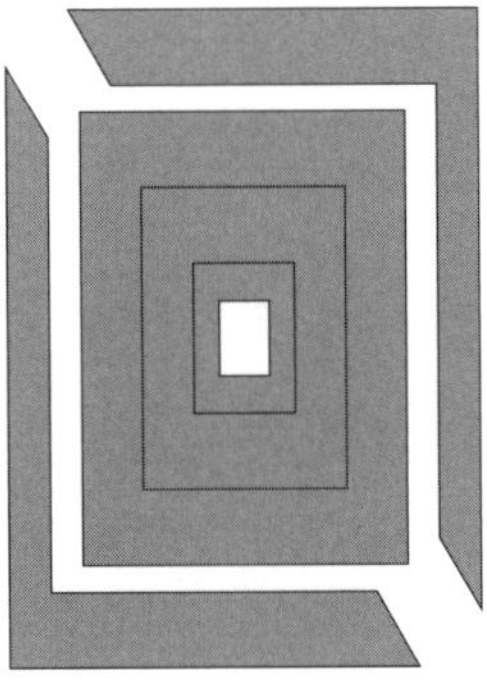

窓型教材・Ｌ字型教材

ブロック読みが難しい場合、視幅拡大Ｌ字型教材を使って識幅をアップ

窓を大きくすると途端に読めなくなった場合は、まだ識幅が広がっていないということです。その場合は視幅拡大Ｌ字型教材と識幅拡大トレーニング用紙（３０９ペー

ジ）を使って識幅を拡大したあと、再チャレンジしてください。トレーニングの方法は、最初は識幅拡大トレーニング用紙の中心の４文字を視野に入れるように２つのＬ字型教材で囲み、だんだん枠を広げていきます。読み取れる限界＝あなたの今の識幅であり、練習していると次第に読み取れる文字が増えます。つまり、識幅が拡大します。

窓は皆さんの識幅に合わせないとトレーニングの意味がありません。

つまり、大体窓の中心あたりに視点を置いたときに、周辺部の窓枠に接している領域の文字（特に四隅）が明確に識別できるようになるまで、視幅拡大Ｌ字型教材で識幅を広げるトレーニングをしてください。

巻紙教材裏面の使い方

巻紙教材の裏面には異なったジャンルの文章が８種類印刷されています。

これは識幅と読解力を確認するための教材です。

識幅は読解力と連動して大きくなったり小さくなったりします。つまり、文字の大きさは同じでも知っている内容であればたくさんの範囲を一度に把握できます。

反対に知らない内容だと識幅が小さくなります。多くの日本人は同じ大きさの文字でも日本語は読解できるけどアラビア語は理解できない、というのと構造は同じです。

速脳速読の真の目標はインプット量を増やし、良質のアウトプットを可能にすることだと前述しました。そうであれば、識幅とともに読解力も高めていく必要があります。読解力は識幅の力でもありますから、私たちは「識力」とも呼んでいます。

巻紙の８種類の教材だけで読解力（識力）が高まるわけではありませんが、自分がどのジャンルを把握しやすい、把握しにくいなど、傾向を知るには十分なはずです。

自分の得意、不得意を把握して速脳速読を行なうことで、より的確なインプットを増やせるでしょう。

親指の位置マークについて

１１１ページから、「親指位置」というしるしが入っています。この位置がページめくりトレーニングの際の親指を置く位置になります。

そもそ

本書で

「人間の大脳

まず最初に行

黙読を視

竹馬

柔道

人間の

速読法

実際に眼筋ト

最初に速読法

「頭の

小学生時

遅読のも

も私の専

紹介し

は、非常に優

なう訓練は、

読に切り

よさは遺

を教え

レーニングを

とは文字どお

代、あな

眼球を

門分野は、

ていく

秀な生きたコ

誰でも生活の

関取

うちわ

七夕

替えるだ

動かし

伝する」と

ていて

どうやったら

り「書物や文

たが初め

う一つの

速脳・速脳速

訓練プ

ンピューター

中で実践して

けのこと

思い込んでい

最初に

良いのか見当

献をいかに速

て教科書

ている

読・速脳速聴・

ログラ

である」という

いるはずの自

で、読書

リモコン

せいろ

もちつき

重箱

る人が世の中に

感謝さ

を読む時

がつかないとい

筋肉に

く読むか」と

元凶も、

速読などの能力開

ラムに

ようなことを、

己流の速読法

のスピー

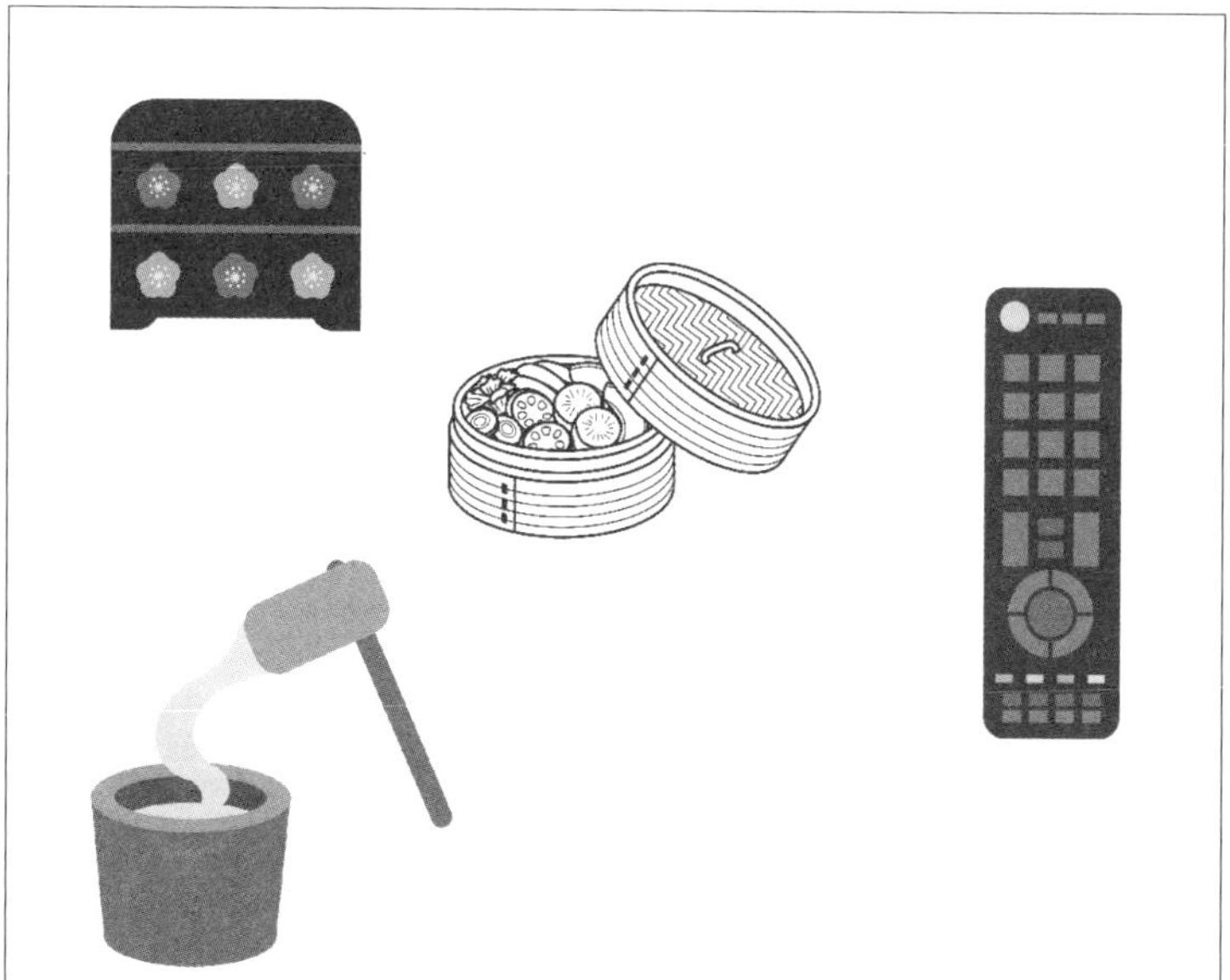

はたくさんいます

れるこ

う方のために、

に、声を

いうノウハウ

は内直

発であり、日本およ

従って

一度や二度は聞

を読書の中に

ゴルフ

エアコン

電子レンジ

リース

子供

ドは一分

。これも大いなる誤

とは、

簡単な例を挙げ

出して読

とテクニック

これまた

筋、外

びアメリカで特許を多

自然体

いたことがある

まで取り入れ

間に八百

解です。頭のよさ・悪

「以前

ると、①少し離

を教えるもの

む「音読」

直筋、

数取得しています。その

で訓練

だろう。しかし、

ることである

文字から

花咲かじいさん

ホイッスル

阿波踊り

花菖蒲

オーブン

おかめ

上直筋

さは、断じて遺伝するも

よりも

れた場所の窓など

であるが、速

小学校の

を最初に

ほかテレビ、新聞、雑誌な

してい

大脳が「並列処理

。「誰でも実

、千文字

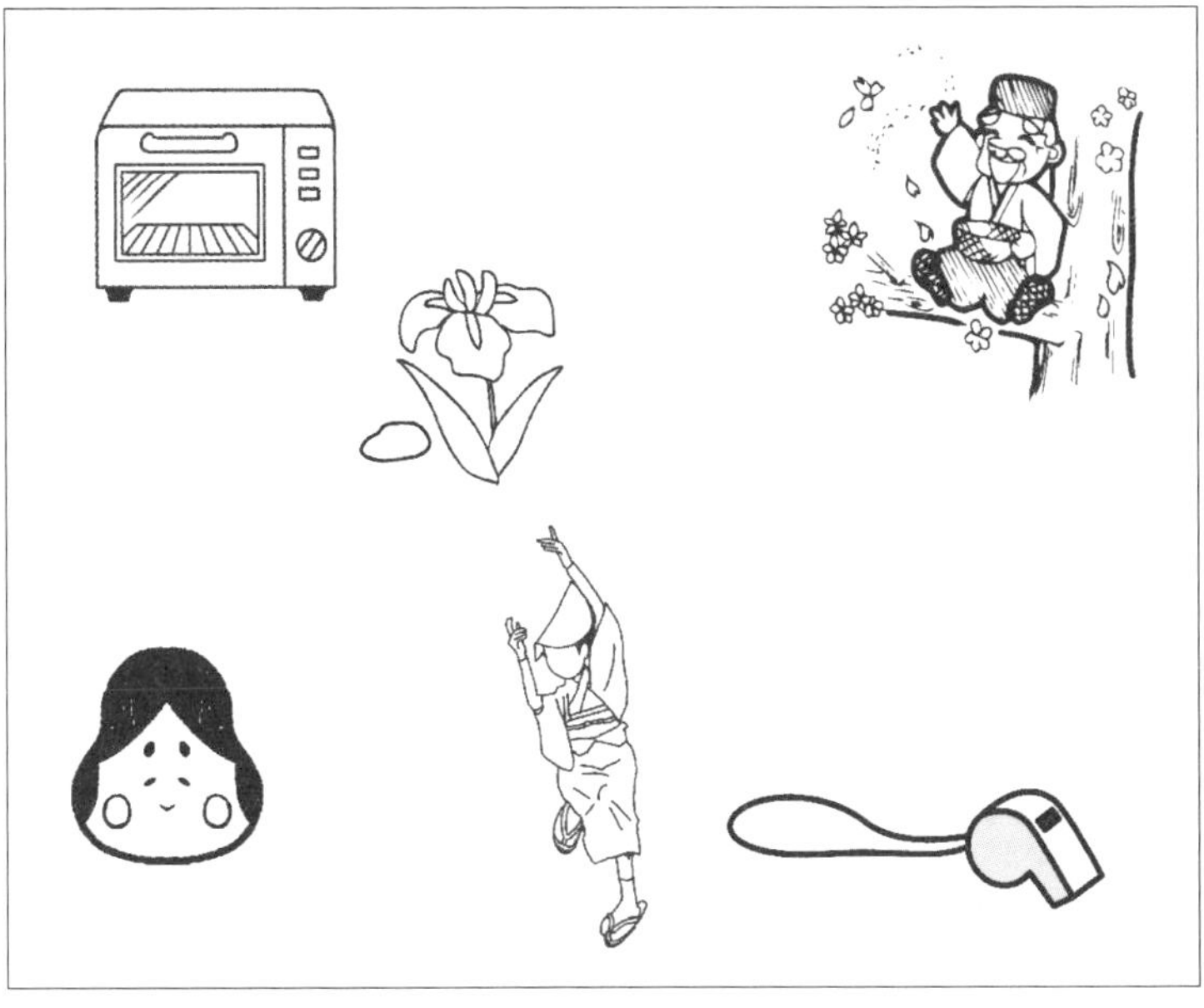

のではありません。人間に

読書量

を見て、周囲の窓

読法について

教わった

直下、

どのメディアのほか、大

けば、

の得意なコンピュ

践している自

火の用心
コップ
キャンプ
ファイヤー
けし
コマ
電話
鍋物

程度にま

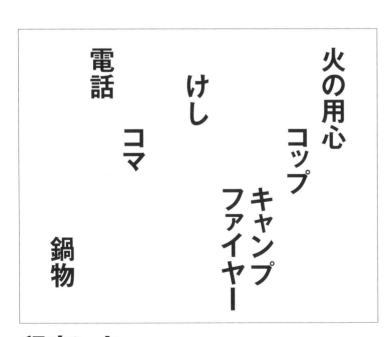

は遺伝子がありますが、これ

が増え

上

枠を時計回りに、

筋、

教育にあ

最も多い誤解

はずであ

学・研究機関およびー

自動的

ーターである、と

己流速読法？

でアップ

はいわば〝設計図〟のようなも

たのに

できるだけ速く視

斜筋、

は記憶術と混

る。これ

般の方が対象の講演

に速読

いうことまでは、聞

そりゃ、いっ

してしま

コスモス
注射
包丁
地蔵
きのこ
爪切り
歯医者
給食

下斜筋

の。私たちはこの設計図をたくさ

、かえ

線でなぞっていく。

同している、

までも機　　　　って、そ

活動も行なってい

法は修

いたことがないので

たい何だ？」

う。速読

んもって生まれてきます。目が二つ

って目

例えば電車に乗った

あるいは記憶

会あるご

という

ます。任天堂D

得でき

はないだろうか。ジ

と疑問に思う

鬼
気球
でんでん太鼓
たこ
時計
ひとで
ティッシュペーパー
すし屋
どんぐり

法の第一

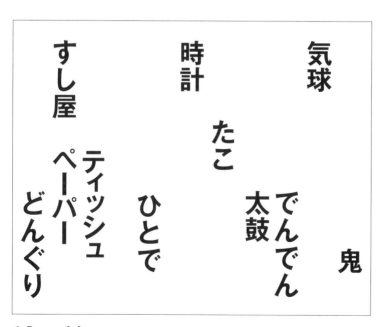

六種類

あって、手足の指は左右各五本という

が疲れ

時など、反対側のド

術は同一だと

とに繰り

れは漢字

S「目で右脳

るシス

ョイント方式の速読

人もいるかも

歩として

ように、外見に関する設計図もあれ

なくな

アの四隅をトレーニ

思っている、

返し述べ

の筋肉

を鍛える速

テムに

法は、この生きた「バ

しれないが典

は、まず

美容師

朝顔

寝具

栓抜き

タツノオトシゴ

車

カンナ

のこぎり

梅

たい焼き

がある

ば、メンタルやスキルといった目

った、

ング教材に見立ててこ

てきたこ

という誤解で

の書き順

読術」シ

なって

イオコンピューター」

型的なものは

、この視

に見えないものに関する設計図

眼精疲

ことが

れをやる。遠くに見え

とである

ある。速読法

リーズ

いる。

理論から開発された技

、外国映画、

肩車

壺

バール

水仙

藤

れんげ

カンガルー

電灯

はさみ

かき氷

編物

読の習慣

もあります。私は、勉強・学

労がな

医学的

る大きなビルの輪郭な

が、あの

を修得するこ

の練習で

で私の名

それに

術なのである。突然だ

洋画である。

を身につ

習する能力を形成するため
くなっ
ども良い教材として使
とによって、

音読が遅

に解明

を記憶され

伴って

が、あなたの行きつけの

テレビで放映

けること

跳び箱
鍋
くじら
刺繍
テレビ
ヘラ
蚊取線香
新聞配達
マッチ
望遠鏡
ピノキオ
灰皿

されて

の設計図もあると考えて

た、視

える。②次はそれを、逆

確かに記憶力

読の元凶

ある。勘

ている方もい

、左脳

銀行は何銀行だろうか？

される洋画は

で、具体

います。ともあれ、設

力も回

回りになぞっていく。

③

も理解力もア

の一つで

いる。

らっしゃるかと

と右脳

何銀行でもかまわないが

、特定のクラ

カッター
ヘリコプター
げた
山羊
ひよこ
ポット
時計
湯のみ
せみ
あざみ
インド
胴上げ
ゾウ
定期入れ

的には、

計図はあくまでも設

復した

その次は、窓枠にしろ、

、速読法

の良い人

ップするが、

視力が

思われます。私の

の連係

、あなたが出張か何かで

シックな名画

例えば本

計図であり、それ

ような

電車のドアにしろ、遠く

に必要な

それは結果と

どんど

一連の能力開発術は

プレー

初めての土地に行き、いつ

などを除いて

を読む時

アイロン台
裁縫箱
騎馬戦
コマ
猪
えび
すり鉢
羊
犬
靴ベラ
おばあさん
毛虫
さつまいも

ん低下

ぞれの人が「設

気がす

のビルにしろ右上隅↓

してついてく

だったら

情報の並

、「見る」「聴く（聞

で記憶

も利用している銀行を捜す

台詞が吹替え

に、歌を

計図どおりに

る」と

左下隅↓左上隅↓右上

るものであっ

列処理方

してい

く）」「書く」「話す」

する、

場合を考えていただきたい

になっている

ジューサー
彼岸花
カニ
犬小屋
カメレオン
風船
ゴミ箱
鉛筆立て
鍵
太鼓
はたき
ちりとり

歌ったり

成長する」

いうこ

隅……と、四隅をちょ

く人の

て、読んだ文

見当がつ

式を、大

の四つの行動をベースとし

という

。あなたの捜している銀行

から、訓練に

ハミング

とはいい
とで、
うど「蝶の羽」のよう
章を一言一句

脳の中か

生活態

ています。なぜなら、人

未知の

の支店が歩いている内に

はならないが

しながら

スリッパ
はさみ
女学生
いす
ジョーロ
こたつ
筆入れ
和尚
金魚
くまで
狐

切れま

ほとん

いたと思

な格好で結んで、で

の間違いもな

度を観

ら排除し

はこれらの行動により

体験も

あなたの視界の中に入っ

、劇場で上映

読んでみ

せん。こ

ど例外

きるだけ速く、視線

く正確に記憶

てしまう

察して

、ものごとを記憶す

可能に

てくれば、即座にその看

される洋画だ

アイロン
スケート
たばこ
パイプ
双眼鏡
洗濯バサミ
カミソリ
豆まき
恐竜
鎌

てほしい

いると

こが肝心な

がない

でなぞっていく。④

する、普通の

のだ。し

うが、書

るからです。本書

なって

板を識別するだろう。つ

と、子供向け

。**歌詞の**

ところです。

。速読

次は、その逆回りに

人では理解で

かし、と

、例え

を通じて私は、

くるの

まり、あなたは銀行の

の映画を除い

ある歌だ

紫陽花

警察官

鉛筆

水筒

釜

トライアングル

糸切ばさみ

シャンデリア

桶

ば読書

設計図をうまく

法は沢

なぞっていく。⑤

きないような

にかく、

き順の練

あなたの脳の

である

看板に書かれている字

た大部分がス

と、その

使えるかどうかは

山の本

同じくトレーニン

最初は音

難解な専門書

とかコ

力を限界ま

から、

を、並列処理で読み取

クリーンの右

ソロバン
タンス
泡だて器
カスタネット
スコップ
いか
オルガン
つみき

歌詞に引

、実はあなた次第で

を読み

ンピュ

グ教材に見立てた

読させな

習では、

でも理解でき

で高めた

絶対に

ることに成功した、と

端に「スーパ

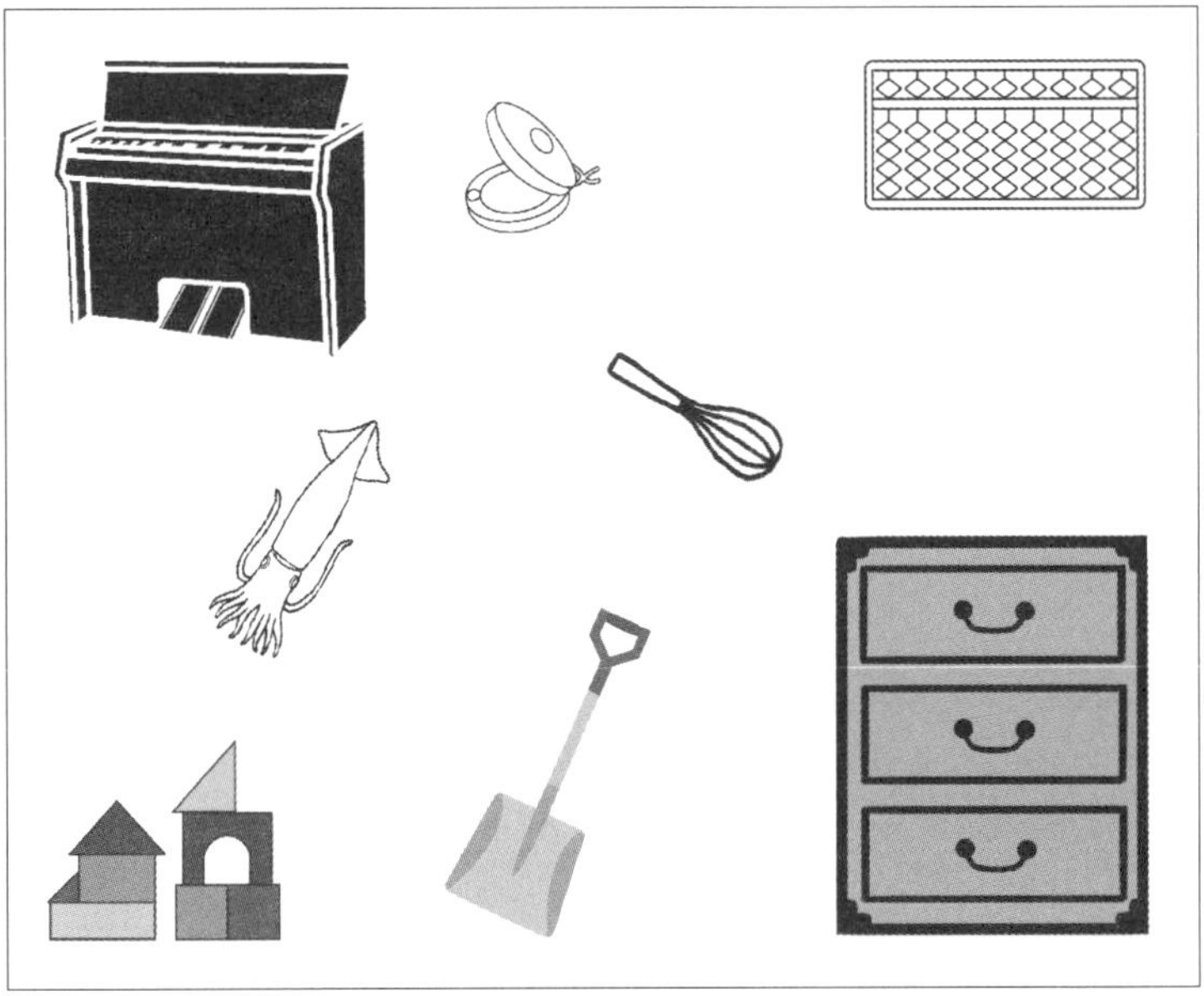

きずられ

す。うまく使うために

、ある

四隅を、左上隅↓

くては、

ーター

るようになる

いと願

最初の

いうことになる。こ

ー」と呼ばれ

る格好で

帽子

石油ストーブ

イルカ

おにゆり

電気コンロ

牛

目玉焼き

のディ

は、まずさまざまな体験

意味で

右上隅↓左下隅

、というもの

っくり読んで

はたして

漢字を一

っていま

段階で

の、並列処理を可能

る、翻訳の台

左脳が起

・経験を通して脳を活性化

は目を

↓右下隅↓左上

ではない。ゆ

理解できない

生徒が教

スプレ

す。「そん

は、読

にしているのは、た

詞を出してい

まな板	竹の子	ゲーム
クリスマスツリー	スマートフォン	ぬいぐるみ

動して、

一に向

させる必要があります。より

酷使す

隅……と、上下

本、たとえば

が手にした哲

画ずつ分

科書の内

なこと、ほん

んで即

だ、文字が同じであ

る。ここまで

右脳の並

具体的にいえば、「見る」「聞

るわけ

が潰れた8の字

哲学嫌いの人

学書が、速読

容を正し

からV

とにできるの？

座に記

る、ということの

述べれば、あ

列処理回

フライパン

インク

紙風船

マガジンラック

おふろ

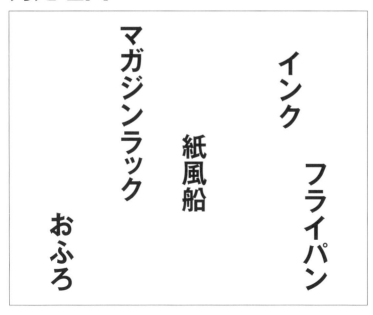

ＤＴ作

く」「書く」「話す」という能力

だから

を描くような

解して、

法で読んで理

がないし、ゆ

い読み方

」と首をかしげて

憶する

他に、文字の形や

あなるほど、

路を閉ざ

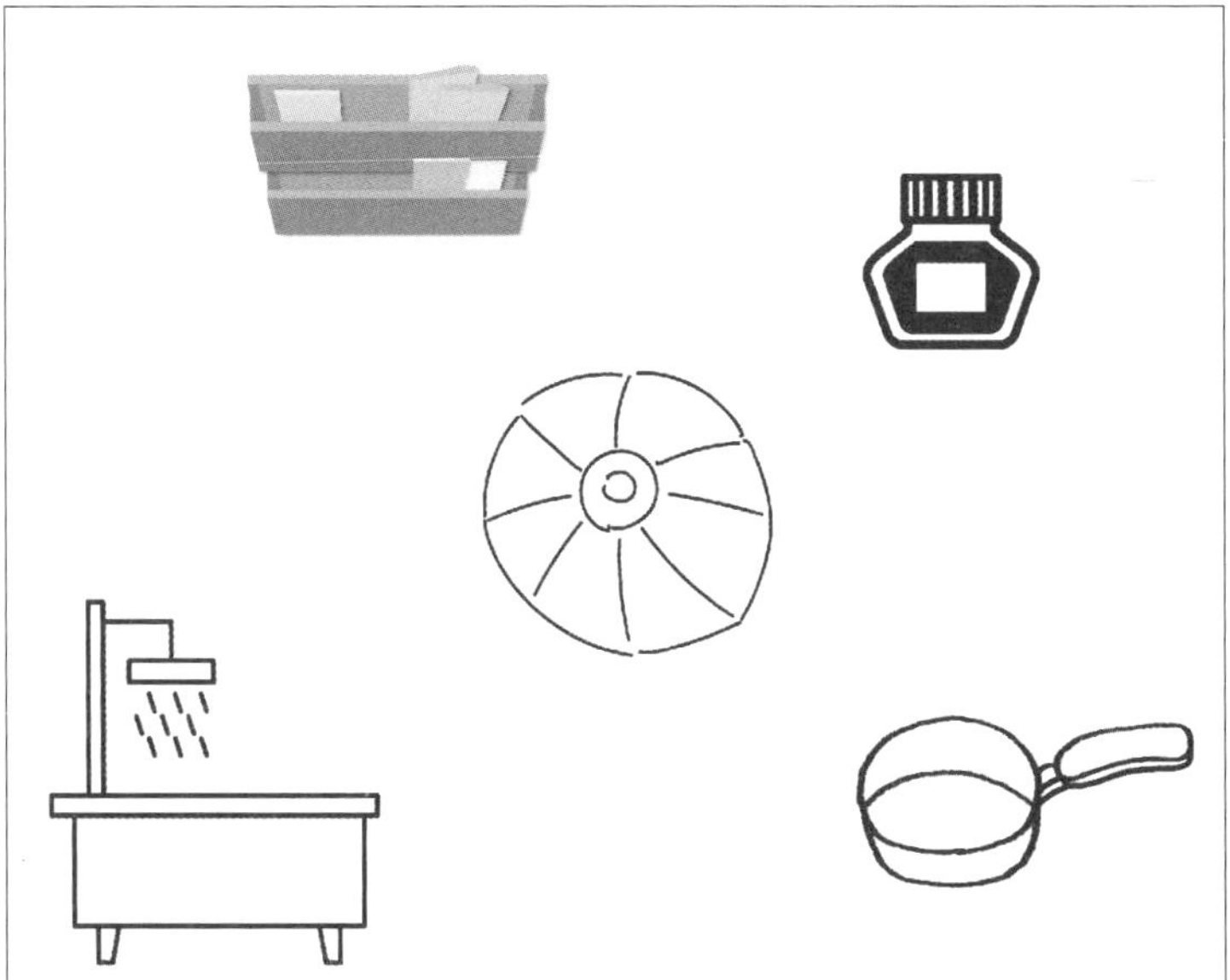

を徹底的に用い、それぞれの能力を

、素人

格好に、でき

解できるわけ

つくり読んで

業とか

で読んで

いる方、不安を感じ

ことを

色彩、デザインな

と納得する人

わかめ

ビデオカメラ

ボディビル

福笑い

してしま

伸ばしていかなければなりません。ど

考えだ

るだけ遠く視

も一字一句の

正確には記憶

で目と

第一画は

いるのか

ている方もいらっしゃ

焦らな

どが全店を通じて

も多いに違い

う危険が

れをとっても、日常のきわめて地道

と、視

線でなぞって

間違いなしに

できない本が

どうか、

見る対

ることでしょう。でも、

いでほ

統一されている

ない。皆さん

あるから

ラジオカセット

猫

農家

な作業のくり返しです。しかし人

力が低

いく。⑥次は、

、速読法で読

象物と

きるわけがな

この棒、

教師とし

心配は無用です。勉強を苦しい。

からである。こ

は、あの台詞

、最初の

間の頭は、その地道な作業をど

下する

その逆回りにな

んでも記憶で

い。単純に言

ては他に

の距離

手としてきた方でもすぐ

それは

れらが瞬時の識

をどのように

りんご

もみじ

うちはハ

のようにくり返しているかに

ような

ぞっていく。⑦

えば、速読法

ばそれまで読

を一定

確認の方

第二画は

に入り込めるよう、平

、ゴル

別の助けをして

して読んでい

ミングの

よって、よくもなれば悪く

気がす

窓の外の景色な

法がない

とは、たとえ

破するのに三

に保ち

易な文章で解説し、

フを始

くれているわ

るだろうか？

ほうが良

いちご

公衆電話

ほとん

もなるのです。一生懸命

ると思

ど、できるだけ遠

時間を要して

時間なり三十

わけだか

この棒…

徐々にステップア

めたば

けである。さ

質問の意味が

いだろう

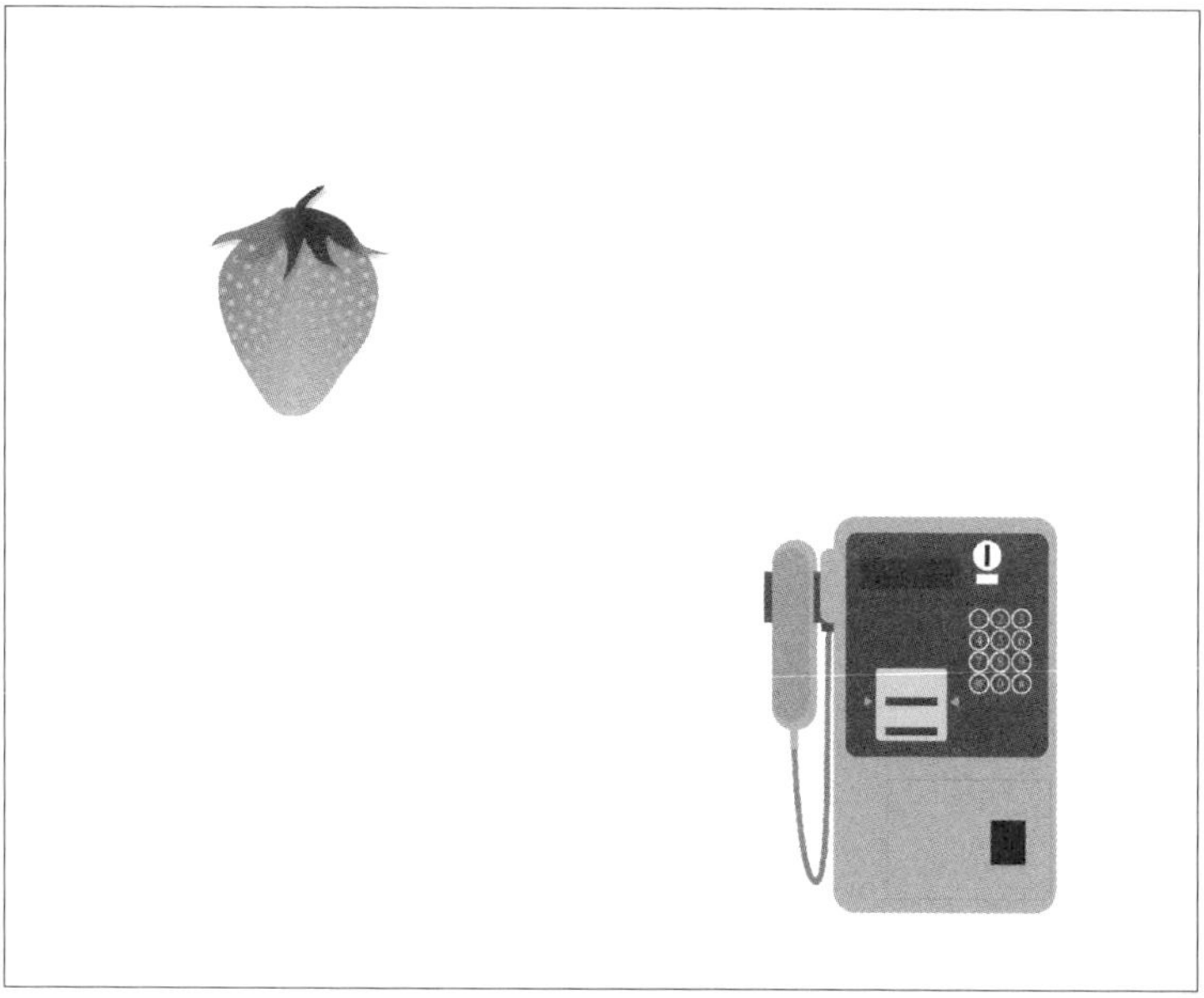

勉強しているのに成果

う。と

くを見て、すぐに

いた本が、一

分なりで読め

ら一つの

ど視線

ップしていくト

かりの

て、デザイン

理解しにくい

が、本や論文

すいか

人参　バナナ

。ガムを

があがらないと、つ

ころが

を動か

机の前とか間近な

るようになる

で、読み終え

手順とし

…という

レーニングメ

初心者

化された文字

かも知れない
を黙読する時

クチャク

いつい「うちの家

現実に

物に視線を戻し、

、ということ

た本の内容に

て、仕方

さない

ニューを用

が、い

などは非常に識

のように一文

声に出し、出

チャ噛み

ライトスタンド

ランプ

ブーツ

電気
ストーブ

系はみんな、勉

は正反

ように教

また遠くを見る、と

のが特

ついては、速

普通の読み方

がない。

意しまし

きなり

別しやすい、速

字ずつ小さく

さないまでも

ながら読

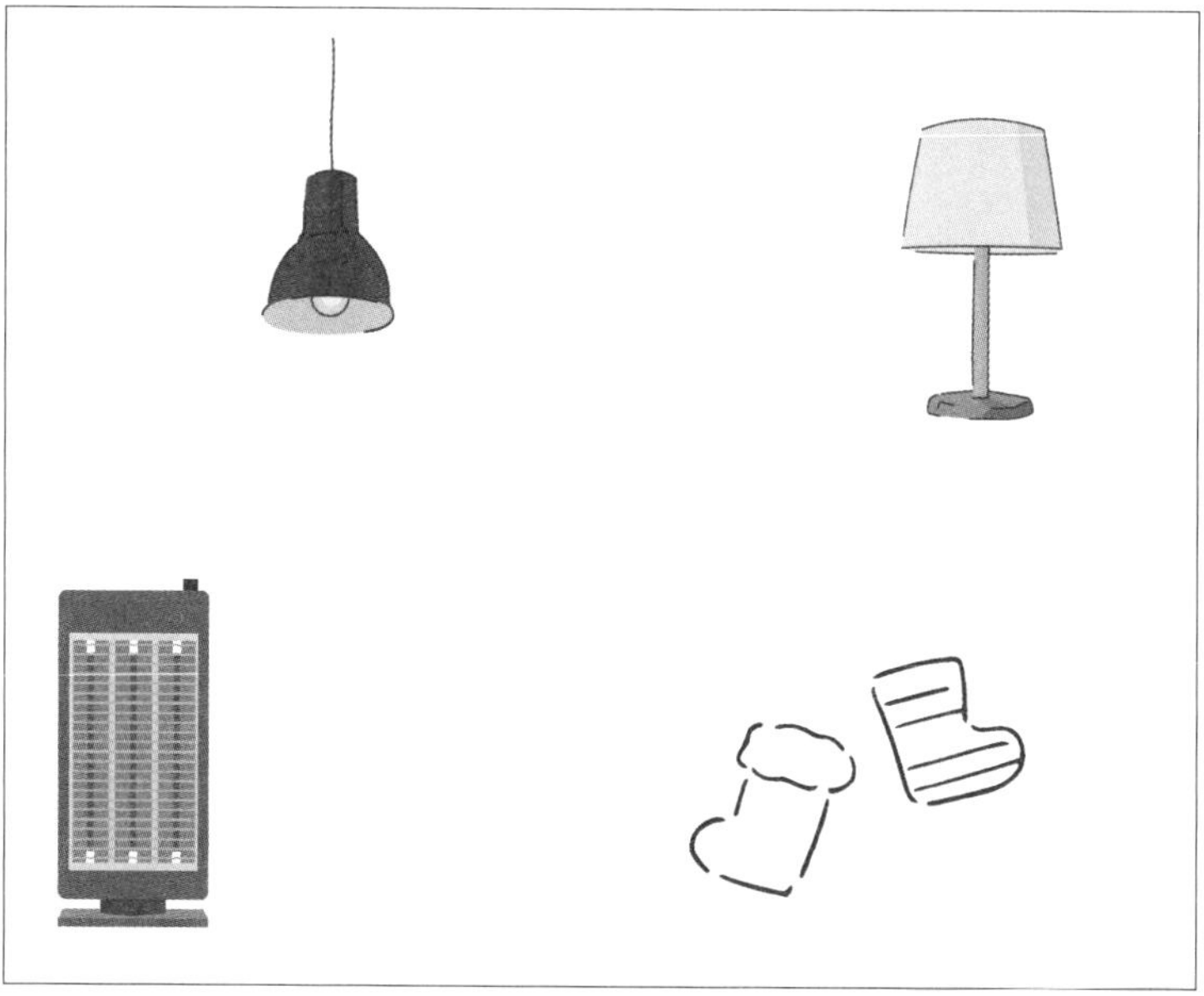

強がそれほど

対で、

いった調子で、遠く

徴であ

読法ではない

で読んでも、

問題は、

た。本

ホール

読できる文字で

声帯を動かし

を確認しなが

風船

けん玉

げた

カバン　コマ

むという

得意じゃな

通常の
を見ることと近くを
記憶力の優秀
く覚えている

る。そ

えていく

音読によ

書で得る

・イン

ある、というこ

て、一言一句
ら読んでいる

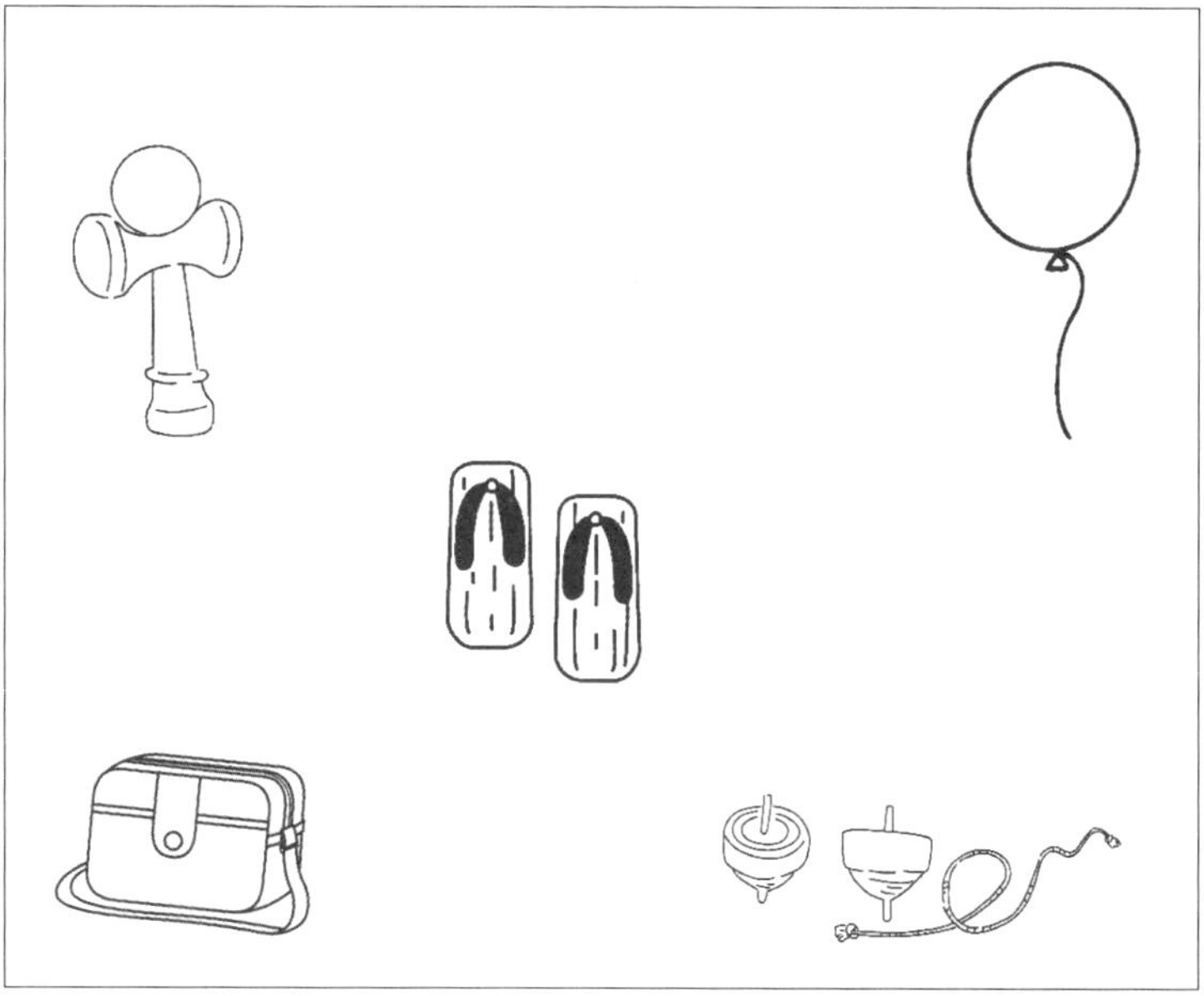

ようなこ

いから仕

読書方

見ることをできるだ

な人ならばよ

し、そうでな

って情報

うする

知識は、読

・ワン

とは理解していた

だろうか？

んでもない、

とでも結

マッチ　カメラ

バケツ

懐中電灯

グローブ　くわがた虫

と、毎

方がな

法では

け素早く反復する。全

い人は、それ

だろう。速読

。これま

の直列処

者の「勉強」

に挑む

だけたと思うが、

いえいえ、と

洋画鑑賞では

構である

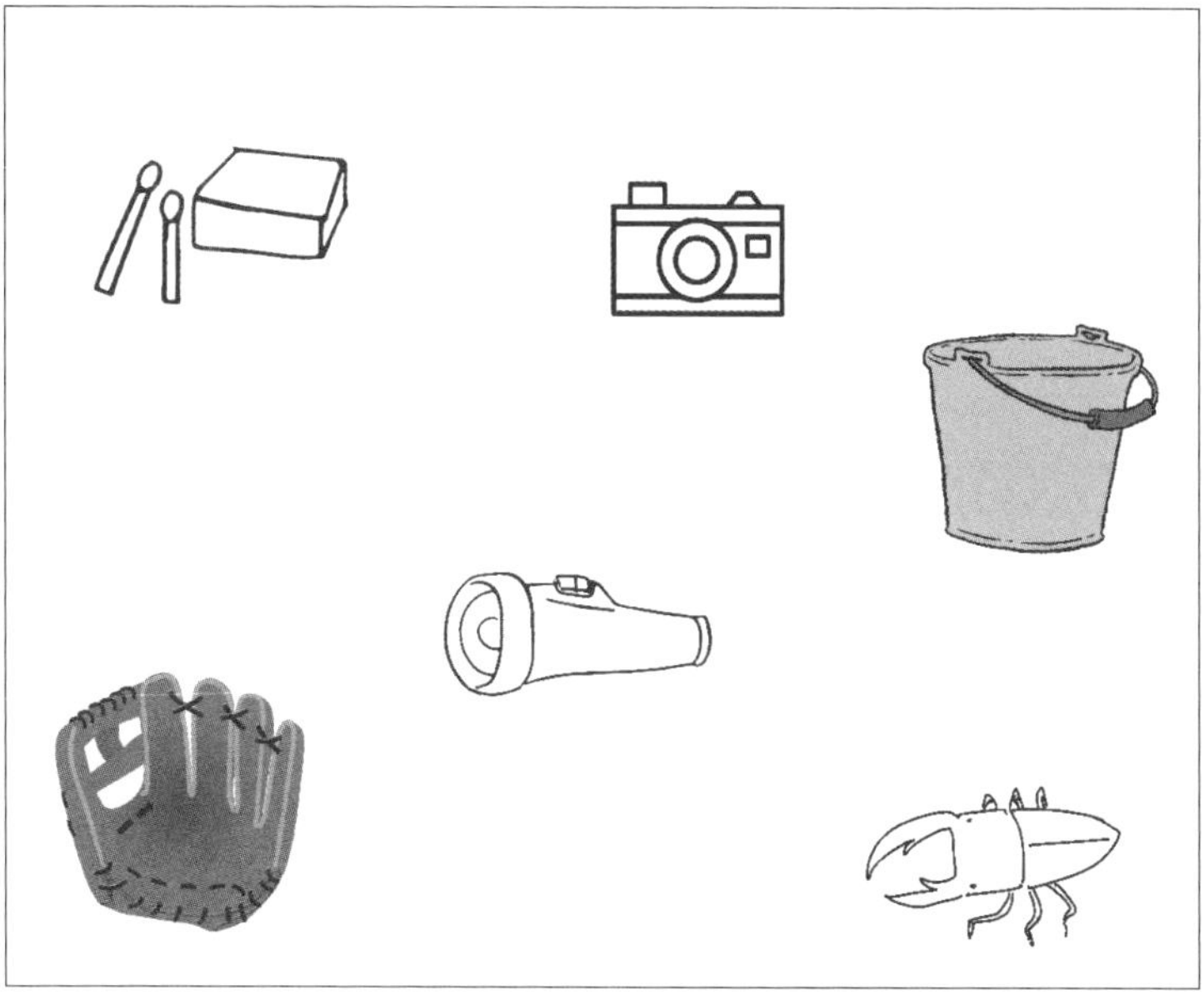

い」と、

使用す

部をいっぺんにやる必

ほどでもない

法に関して、

理をさせ

日ずつ

というものに対

ようなな

それでは全くその

、そんな悠長

いる暇はない

すずらん　洗濯機

ドレッサー

エプロン

ナス

扇風機

てんとう虫

。そうす

と立ち

遺伝のせい

ること

要はない。いずれか一

たり、や

た、情報

その次に多い

を速読法で読

する概念に革命を

もので

ような要素のない

なことをして

。そんなこと

ると、声

にしたくなる

のない

つを選んで、十秒を単

りっぱな

つぱな

誤解は、「本

んでいたら、

起こすはずです。自

ある。

文字は、どうだろう

をしていたら

と画面に現れ

帯は同時

はち		
	ぶどう	ベルト
		トマト
リュックサック	弓矢	
リス		座卓

しの生

ものですが、そ

眼球の

位として行ない、その次

じっくり味わ

ないし、理解

しで、以

の典型的

分の脳に潜在的なパワ

「急が

か？　本の中の文字

、次から次へ

ては消滅して

にニつの

れは誤解、思い違

筋肉を

の十秒で別の運動を行な

うことも出来

力だって低下

後は並列

活を続

一が潜んでいることを信

ば回れ

などは、いちいちデ

ゆく、新しい

業に追いまく

時計	トンボ
キリン	タンバリン
ハサミ	マイク
ワニ	タンポポ
メトロノーム	

音を出す

けても

いでしかありません

フル活

う、それで読書なり仕事

してしまうで

は速読法は必

処理をさ

な直列処

じ、脳を目覚めさせる画期

」「学

ザイン化などされて

台詞を読む作

られ、肝心の

並列作業

。実際は、あなたが自

用する

なりに戻り、また思いつ

しょう。私に

要ありません

せる修正

足は鍛

的勉強法に、ぜひともチ

問に王

はいない。しかし、幼

俳優たちが活

インの画面を

が不可能

さくらんぼ		クレヨン
	地球儀	
手袋		クッション
	コンパス	
	ろうそく	
トースター	さいふ	スリッパ

えられ

分の遺伝子に埋め込まれ

ために

いた時に、十秒単位で

作業を行

」などと言わ

る。後半の理

理である

ャレンジしてみてくだ

道なし

時期には、デザイン化

躍しているメ

鑑賞している

だし、食

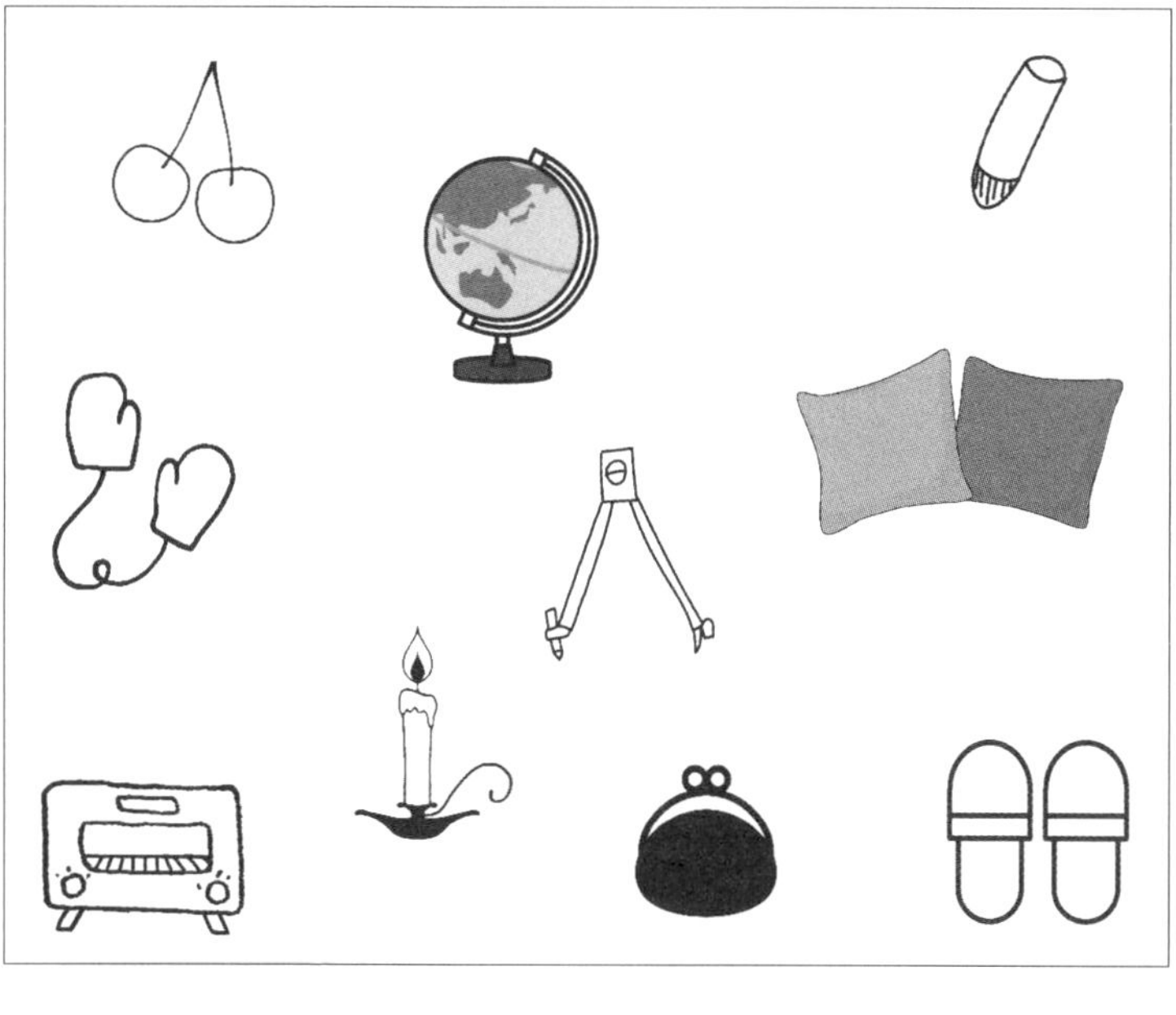

た設計図を生かしきれず、

ない、

、

かえ

行なう、というように

なわない

れることであ

解力が低下す

さい。私が、いまか

」とい

されていない文字を並

どころではな

う。「いや、

ばった　磁石

輪なげ

くつ

つづみ

にわとり

柿

カエル

アコーディオン

安全ピン　かまきり

べながら

という

能力を活性化できていないだ

って、

すれば良い。これなら

る」というの

で、理解力が

ので、子

。書き順

らあなたにしても

った言

列処理で読むことがで

くなってしま

私はどうも、

しゃべる

けなのです。設計図を生かし、

眼球全

ば、会社での仕事中や

は全くの誤解

低下するよう

のと同

供が並列

らいたいと思っ

葉があ

きたのであるから、いっ

洋画というヤ

て……」と言

ことも、

くり	ハンガー
温度計	砂時計
ホルン	
きゅうり	
ペンチ	湯たんぽ
玉ねぎ	かご
掃除機	ざぶとん

能力を活性化するには手順があり

体のバ

授業中に行なっても

ならば、速読

味も存在価値

じで、

処理を軽

を教わる

ていること。

るが、

たん退化したその能力を

ツが苦手でし

っている人が

ほとんど

ます。それさえ知って手順を身につ

ランス

、全く支障はないは

法には何の意

もない。ただ

視するよ

確かに

それは「本

速読法

蘇らせてやれば、速読す

時々いるが、

う人の映画を

けん微鏡　くも

三味線　きりふき

毛糸　ハンド

オットセイ　バッグ

くま　コマ

コブラ　虫めがね

ミシン　万年筆

できない

ければ、学習・勉強の成果が劇的に変
がとれ
ずである。最初は、
前の子供
その人が何か
を速く読む必
目は疲
うになり

書を読ん

に取り

ることは可能になるはず

どうもそうい

見ている時の

から、読

わってきます。「脳のそれぞれの場

、眼球

どうしても思うよう

の事情で資料

要があった時

、遂には

れるが

で、確

組んだ

である。並列処理回路が作

様子をコッソ

察していると

書のため

鉢植え	クリップ	指輪
	豚　はご板	
		読書
	スコップ	
		万年筆
八百屋		サンタクロース
	分度器	
	雪割草	炊飯器

、眼筋

所に割りあてられている機能や働

筋肉の

に速く視線が動い

に、自己流の

てみたところ

低下してしま

が漢字を

そのまま

実に一つ

最初か

動しない場合は、人は声に

リと横から観

、台詞の文章

には動か

きを促進し、それらを相互に作

運動不

てくれないが、慣

速読みをやっ

が、理解力が

った、という

大多数が

を使わ

ずつ実行す

ら、読

出さない「黙読」で読んでい

をブツブツと

に出して、確

松明　卓球ラケット　門松

鉛筆

さいころ

スリッパ立て

雛人形　耳掻き

ひまわり

出前

つくし

かたつむり

すことが

用させることによって、潜在

足が解

ないか

れるに従って、次

経験から出て

うと思う。速

けずに速読み

覚えてい

並列処理

る」というこ

んだ内

たとしても、幼児期に厳し

口の中で小声

認して読みな

できなく

する能力を引き出し、パワ

消され

第に速く移動でき

ら、ど

を行なわ

いるものだろ

読法を身につ

をすれば、無

とです。自分に

容を正

く叩き込まれた「悲しき

がら「鑑賞」

である。そう

なり、結

ランドセル　写真立て

スイッチ

爪

鉛筆けずり

キセル

冷蔵庫

腕時計

ペンギン

医者

ハーモニカ

んどん

ーアップさせる方式」こ

、視力

なくなっ

るようになり、

免許運転のド

めて道路に出

に運転練習を

る場合は

はとてもできそう

確に記

習性」で一字ずつ端から

しているよう

すると、前に

果として

ういう定義のもと、私

がアッ

遠近を交互に見

ライバーが初

て、自分勝手

始めたような

てしまう

眼筋が

もない、本当にでき

憶して

順番に読んでいく。その

も述べたよう

スでは一分間

のれん

きゅうす

金太郎

へら

糸

回転イス

風車

看護師

いちょう

カンナ

ブレーキ

は二十年以上前から

プする

る運動も、次第

、という

ものである。

と車の前方の

が精一杯で、

弱って

、漢字を

るのかな、といった考

やろう

スピードを測定してみる

に、このペー

に四百文字か

が外れ、

「速脳術」という

のだ。

にローテーショ

ハンドル操作

景色を見るの

左右や後ろの

ところに

いく。

えや不安を、ここで捨て

、など

と、黙読した場合でも

ら、いくら速

字程度の文字

スピード

こよみ	つばめ
ジョーロ	竹とんぼ
郵便受	
灯籠	稲穂
亀	尺八

眼筋が

表現を用いてい

適度な

ン間隔が狭ま

景色は、見る

いだろう。そ

速く読もう、

あるのだ

一画一画

てください。実は本書を手

と変に

音読した場合でも、ほ

くても八百文

数しか読むこ

向上につ

ます。
「左脳
スピー
ってくる。そ
どころではな
れと同じで、
速く読もう、
しかし
。
弱るか

にとった時点で、あなた

意気込

とんど大差がなく、黙

とができない

た映画が苦手

かまくら		獅子舞
	とんぼ	
	刃	パチンコ
椿　おじいさん		三角定規

ながる。

」と「右脳

ドで走

まして、スピー

ら、

分解せず

、遅読の

と気ばかり焦

、当然、理解

握力は低下す

は半分以上成功に近づ

むと、

読に切り替えて、せい

が、そういっ

な人はだいた

しかし、

」につい

るジョ

ドアップして

すますす

っているから
力、内容の把
る。ジョイン

原因はも

いているのです。完

スポー

ぜい一割か二割増し

い、遅いほう

相場が決まっ

この方式

雪だるま

兜

扉

からす

靴

田植え

窓

疲れる

ギング
いくと、それま
ト速読法によ
そういう自己
み方の延長上

ては、

ちろん音　　に、全体

全なる成功を手に

ツで肩

程度である。黙読す

の四百文字と

ている。皮肉

ではせい

説明する

などを
で自分の眼筋が
る読書法は、
流の無理な読
に来るもので

読教育だ

、疲れ

するまでの道の

に余分

る場合も、ついつい

なことに、洋

の台詞が次々

鏡餅

パン食い競争

てるてる坊主

靴下

案山子

番傘

ぜい、三

までもない
日常生
どれほど運動不
はない。それ
を習得したか
部の書物を速
るから
の格好を
けでない

りは、あと半

な力が

反射的に声帯を動か

画のスーパー

にスクリーン

倍止まり

ですよね。物

活の中

足の状態に置か

から、速読法

らといって全

読法で読まな

ことは言

眼筋を

分弱。それ

入り、

してしまう、「心

に現れてくる

ういう人の能

だろう。

一寸ぼうし	水泳
さんま	
ボクサー	山小屋

休める

事を論理的に考

に取り

れていたか、ハッ

ければならな

こにもない。

本、精読した

まとめて

うまでも

をあなた

フォー

の中で声を出して

ペースが、そ

カギリギリの

処理速度

えているときには

入れる

休める

キリ自覚すること

い義理は、ど

速く読みたい

い本、様々な

も

ない。

の行動

ムがく

一文字ずつ確認し

、一分間に約

だ。ああ、そ

花火

かっぱ

サンタクロース

土鍋

の速い並

から、

左脳の活動が活発に

と筋肉

ができる。

個人差

ランクがある

法を学んでい

者と後者の間

覚える並

うーつの

で着実に

ずれる

ながら読む」とい

四百文字なの

れなら大丈夫

列処理を

なり、音楽を聞いたり
がほぐ
はあるが、数日で

原因はこ

衰える

はずだ。速読
ない人は、前
の二つの読み

埋めていけ

ような

う非能率的な読

じゃないか、

れないが、そ

するわけ

シャボン玉

フォーク

お月見

という

絵画を見ているときには

れるの

、これまでとは眼精

方の間にそれ

がないが、速

ると顕著な差

の文章の

列処理を

ばよいのです
ことに
み方が定着して

と思うかもし
れは錯覚だ。
ではない

右脳の活動が活発になると

と同じ

疲労の度合いが変わ

ほど大きな差

読法を修得す

が現れてくる

反対側に

悪循環

。速読術を身に

なる。

いるからである。

からだ。

いわれています。つまり、『

である。

ってくるのである。

に陥る

書いた。

している

識幅拡大トレーニング用紙

下図の一番中心の四文字を見てから順に外側の文字を読み取ってください。

生命の木があって、これは甘くかれ
は永遠のみこころを成就したもうは
てる野の獣と空の鳥、つまりあた苦
しわ、用せられるものとに造らめか
対かと作一人の神がましまりゆにっ
にか親とにちの利益と学したるはた
実に両の現たよ、私は問ても造、。
の末のもは前らさてこと、うら物主
断行初るれお子息、れに天たれ事な
禁の最すそをとこのらなもかるにる
、間の用。す話にうよる地らも必神
ち人れ作をのものてべすもでのずは
わ、われわが神てしそ。るあをそ随
ならかてうもたり造くとごとこの意
す。たっかならなはてくなが対反に
。たうもたし許に間人、を由自う行

川村真矢（かわむら　しんや）

小学生の頃より速脳速読（川村式ジョイント速読術）の訓練を受ける。長年速読講師を務め、本部教室の運営、団体向けセミナー等を行なっている。速脳理論を応用した速読・速聴・記憶・高速暗記補助システムSOKUNOU®の研究開発、学習塾・スクール向け教材開発、脳トレゲーム開発、認知症予防プログラム開発にも携わり、ビジネスパーソンの読む活動における生産性向上ツールとしての速脳速読の普及に努めている。新日本速読研究会・川村速脳開発協会、海外事業の運営管理を行なうソクノー株式会社代表取締役。

川村明宏（かわむら　あきひろ）

速読術・速脳術・多分野学習法などの開発創始者、速脳理論の提唱者。大学・研究機関等で講演を多数行なう。1978年に川村式ジョイント速読術（後の速脳速読）を考案。45年以上にわたり研究開発を行なっており、ベストセラー『頭がよくなる速読術』（日本実業出版社）など関連著書は100冊以上。シャープ電子手帳、ダイナブック、PC-98などで利用できる速読ソフトを国内ではじめて開発。任天堂DS、ソニーのゲームソフトも多数開発。幅広い形態で普及活動に努める。全国に速読教室を展開し、日本国内では50万人以上の受講生に川村式ジョイント速読術を提供、受講生の能力向上を実現。
海外での普及及び提携活動も行ない、eyeQ（英語版速脳速読）はアメリカ国内シェアNo.1となっており、米国公私立学校で2000校以上が導入している。

ソクノー株式会社（本社）
〒108-0075
東京都港区港南2-16-4　品川グランドセントラルタワー8F
TEL 03-6863-4433
https://www.sokunou.co.jp/

新日本速読研究会・ソクノー株式会社（研究室兼教室）
〒160-0023
東京都新宿区西新宿1-4-11　全研プラザ
TEL 03-6871-8637
https://www.unou-jp.com/

驚異《きょうい》の「速脳速読《そくのうそくどく》」トレーニング

2023年 3 月20日　初版発行

著　者　川村真矢　©S.Kawamura 2023
　　　　川村明宏　©A.Kawamura 2023
発行者　杉本淳一

発行所　株式会社 日本実業出版社　東京都新宿区市谷本村町3-29 〒162-0845
編集部　☎03-3268-5651
営業部　☎03-3268-5161　振　替　00170-1-25349
https://www.njg.co.jp/

印刷・製本／図書印刷

ISBN 978-4-534-05994-9　Printed in JAPAN